Claudia und Rainer Hohberg

Die Hummelshainer Schlösser
und die Jagdanlage Rieseneck

D1663715

Förderverein Schloss Hummelshain e. V. 2008

Die Publikation wurde gefördert durch das LEADER+Programm.

Für ihre Hilfe bei der Arbeit an dieser Schrift danken wir herzlich Dr. Gunther Aselmeyer (Weimar), Gundela und Dr. Rainer Berthelmann (Halle), Dr. Reiner Ehrig (Hummelshain), Uwe Gillmeister (Altenburg), Jens Hild (Großeutersdorf), Wolfgang Lutz (Pößneck), Ulrike Kaiser (Jena), Asta-Ulrike von Knorre (Offenbach), Volker Schmidt (Kleineutersdorf), Dr. Ing. Ulrich Seelig (Leipzig) und Manfred Teichmann (Hummelshain).

Herausgeber:
Förderverein Schloss Hummelshain e.V., In der Welke 18, 07768 Hummelshain
Tel. 03 64 24/5 35 79, Fax 03 64 24/73 97 40
reiner.ehrig@foerderverein-schloss-hummelshain.de
www.foerderverein-schloss-hummelshain.de

Redaktion und Gestaltung:
Verlag Rainer Hohberg, Sophienstraße 5, 07743 Jena
Tel. 0 36 41/69 79 52
r.hohberg@gmx.de
www.rainer-hohberg.de

ISBN 978-3-00-022763-9

2. Auflage 2008
Satz: SatzReproService GmbH, Jena
Druck/Binden: Liebeskind Druck GmbH, Apolda

Inhalt

Vorwort zur 1. Auflage

Entdeckungen in einem thüringischen Residenzdorf

Im "Land der Residenzen" gehört Hummelshain zu jenen Orten, in denen es noch mancherlei zu entdecken gibt. Zwar ist das monumentale Neue Jagdschloss überregional bekannt, gilt es doch als herausragendes Zeugnis des Historismus in Thüringen, gar als letzter Neubau eines Residenzschlosses in Europa. Auch die steinerne Jagdanlage am Rieseneck, ein in Deutschland einzigartiges "Freilichtmuseum" des Weidwerks im 17. und 18. Jahrhundert, ist ein Publikumsmagnet. Andere historische Schätze des Ortes im Saale-Holzland-Kreis aber schlummern im Verborgenen. Manchem aufmerksamen Besucher von Hummelshain fällt auf, dass einige Gebäude nicht in das erwartete dörfliche Bild passen. Es sind noch alte Hausnamen erhalten, vergessen aber sind durch Eigentumsänderungen und Umnutzungen über die Jahre ihre Geschichte und Funktion in der über die Jahrhunderte gewachsenen herzoglichen Jagd- und Sommerresidenz. Dazu zählen das aus einem kurfürstlichen Jagdhaus hervorgegangene Alte Schloss ebenso wie der im 19. Jahrhundert aus dem herzoglichen Tier- und Hetzgarten geschaffene Schlosspark, das Jagdzeughaus (Marstall) und die Schmiede, der Gutshof und das Forstamtsgebäude, ein Teehaus und das Hofgärtnerhaus, das Brau- und das Waschhaus, ja sogar die einstige herzogliche Telegrafenstation und das Dampfmaschinenhaus der Schlosswasseranlage. Nicht nur zwei Schlösser, sondern darüber hinaus ein nahezu komplett erhaltenes Schlossensemble geben dem Ort seinen originellen Charakter als thüringisches Residenzdorf.

In der Wittenberger Kapitulation von 1547 wird Hummelshain als "ein Jagd-Hauß und Dorf daran" beschrieben. In der Tat wurde die dörfliche Entwicklung seit dem Mittelalter maßgeblich durch die Bedürfnisse des herzoglichen Jagdschlosses und der späteren sachsen-altenburgischen Sommerresidenz geprägt, die den Ort in der zweiten Hälfte des 19. Jahrhunderts auch zu einer beliebten Sommerfrische werden liess. Nach dem Ende der Fürstenherrschaft 1918 behielten die Schlösser trotz veränderter Rahmenbedingungen ihre dominierende Bedeutung. Als große soziale, kulturelle und medizinische Einrichtungen genutzt, waren sie nunmehr bis Anfang der 90er Jahre des 20. Jahrhunderts die wichtigsten Arbeitgeber im Ort. Erst in jüngster Zeit wurde dieser Symbiose ein jähes Ende bereitet. Inzwischen stehen beide Schlösser leer, das Neue Schloss und einige der Nebengebäude sind vom Verfall bedroht. Auch im Alten Schloss hinterlässt der Leerstand seine Spuren. Eine Epoche, in der die Schlösser stets wichtige Impulsgeber des Ortes waren, scheint beendet zu sein.

Mit der vorliegenden Publikation, in der die Geschichte des Hummelshainer Schlossensembles erstmals umfassend dargestellt wird, möchten wir zum Nach- und Weiterdenken anregen. Sie bietet deshalb mehr als nur die reine Bau- und Nutzungsgeschichte der Schlösser und der Jagdanlage. In elf Kapiteln zeichnen wir die Entwicklung einer kleinen Region nach, die dank ihres Wald- und Wildreichtums Jahrhunderte lang ein bevorzugtes Jagdgebiet wettinischer Fürsten war. Herausragende Nutzer der dörflichen Residenz – von Kurfürst Johann Friedrich dem Großmütigen über Herzogin Magdalena Sibylle bis Herzog Ernst II. – werden porträtiert. Der Leser lernt die Bedeutung und Funktionsweise der feudalen Jagdeinrichtungen des "Hetzgartens" am Alten Schloss und der unterirdischen Jagdanlage Rieseneck ebenso kennen wie die Auswirkungen des "fürstlichen Jagdplaisiers" auf das Alltagsleben der Dorfbevölkerung und erkennt die Jahrhunderte andauernden Wechselbeziehungen zwischen Residenz und Ort. Die Darstellung schließt mit der Geschichte des Schlossensembles im 20. Jahrhundert und einer Schilderung der derzeitigen Situation.

Den Schluss des Buches bilden ausführliche Beschreibungen von sechs charakteristischen Rundwanderungen. Sie laden ein, den Ort Hummelshain und seine reizvolle Umgebung selbst in Augenschein zu nehmen, Neues zu entdecken oder Vergessenes aufzufrischen.

Vorwort zur 2. Auflage

Die im Herbst 2007 erschienene 1. Auflage dieser Schrift hat sowohl bei Fachleuten wie regionalgeschichtlich interessierten Lesern aus nah und fern und insbesondere den Bewohnern des Residenzdorfes Hummelshain eine sehr positive Resonanz gefunden. Diese bezieht sich auf die umfassende und solide inhaltliche Darstellung, aber auch auf die reiche Bebilderung und die gelungene grafische Gestaltung der Publikation. „Besser als hier geschehen, kann man Regionalgeschichte wohl nicht vermitteln. Deshalb wird dieses Buch viele Interessenten finden und sicherlich bald wieder vergriffen sein", fasste dies Dr. Peter Lange in seiner Rezension in den „Rudolstädter Heimatheften" zusammen. In der Tat ist die 1. Auflage innerhalb eines halben Jahres vollständig verkauft worden. Das zeugt nicht zuletzt vom gewachsenen öffentlichen Interesse am Hummelshainer Schlossensemble, insbesondere an dem sich nach wie vor in einem bedauerlichen Zustand befindlichen Neuen Jagdschloss. Um so mehr freuen sich Förderverein und Autoren, in Kooperation mit dem Freundeskreis Rieseneck e.V. und dem Schloß- und Spielkartenmuseum Altenburg nun die 2. Auflage des Buches herausgeben zu können. Wir hoffen, damit viele neue Interessenten und Förderer für dieses einzigartige Kulturdenkmal gewinnen zu können.

Die Entstehung des Dorfes Hummelshain und des fürstlichen Jagdhofes

Naturräumliche Gegebenheiten

Residenzdorf im Grünen

Der Ort Hummelshain liegt auf etwa 350 m Höhe inmitten eines der größten zusammenhängenden Waldareale des Thüringischen Holzlandes. Das Areal wird südöstlich von der Orlasenke, südwestlich vom Orlatal, nordöstlich vom Saaletal begrenzt und geht in östlicher Richtung in die Stanauer Heide über. Das Holzland ist mit einer Jahresmitteltemperatur von 7,4 Grad Celsius mäßig warm;[1] die Hummelshainer Ortslage gilt gegenüber den umgebenden Tallagen als klimatisch besonders begünstigt. Das zur Saale-Elster-Sandsteinplatte gehörende Gebiet ist geologisch durch den Oberen und Mittleren Buntsandstein geprägt, der durch mehrere Bachtäler zerschnitten wird. Der Wechsel von ausgedehnten Hochflächen und Talgründen ergibt ein vielgestaltiges Landschaftsbild. In der näheren Umgebung des Ortes verleihen insbesondere der Würzbachgrund, Drehbachgrund und Leubengrund mit ihren Nebentälern sowie die zur Saale und Orla steil abfallenden zerklüfteten Hänge der Waldlandschaft ihren besondern Reiz. Dazu tragen auch die Feuchtwiesen der Täler und die zahlreichen vom Wasser der Bäche gespeisten Teiche bei.

Die Böden im Buntsandstein sind von Natur aus nährstoff- und kalkarm und deshalb für den Ackerbau nur bedingt nutzbar. Aus diesem Grund erfolgte die Rodung und Besiedlung relativ spät. Weil der karge Boden nicht zur Existenzsicherung ausreichte, mussten in der näheren Umgebung mehrere im ausgehenden Mittelalter gegründete Siedlungen (unter anderem Bernhardsroda, Welkenroda, Würzbach) wieder aufgegeben werden. So wurde lediglich ein geringer Teil der Waldflächen in Ackerland verwandelt. Noch heute sind die Fluren von Hummelshain, Schmölln und Pritschroda als vergleichsweise kleine Rodungsinseln erkennbar. Die Waldungen – ursprünglich vor allem Eichen-Buchen-Mischwälder, Eichen-Birken-Kiefern-Mischwälder und an den Talflanken Traubeneichen-Buchen-Mischwälder – blieben also weitgehend geschlossen. Dank ihrer reichen Fauna, zu der einst neben Hirschen, Rehen und Wildschweinen auch Bären, Wölfe, Steinadler, Auerwild, Birkwild, Haselhühner und anderes Getier gehörten, entwickelten sie sich im Mittelalter zu einem bevorzugten herrschaftlichen Jagdgebiet.

Die Anfänge

Das Erbeuten von Wild durch Jagen und Fangen bildete schon für den Menschen in frühester Zeit eine wesentliche Lebensgrundlage. Eiszeitliche Jägernomaden stellten im Orlatal Moschusochsen, Steinböcken und Rentieren nach. Archäologische Funde aus dem Saaletal bei Oelknitz belegen die Jagd auf Wildpferde in der damals steppenartigen Landschaft. Auch am Rieseneck und auf der Höhe bei Hummelshain wurde zu dieser Zeit bereits gejagt. Das zeigen Funde, die im 19. Jahrhundert auf dem "Schreck'schen Grundstück" im Flurstück Bremenstall nördlich der Trockenborner Straße zu Tage gefördert wurden. Man grub einen aus aufgeschichteten Steinen bestehenden Windschirm mit einer Feuerstelle aus,[2] an der steinzeitliche Jäger ihre Beute verarbeitet hatten. Weiterhin wurden 63 Feuersteingeräte, zwei Reibplattenbruchstücke sowie verkohlte Knochenreste, die der Jungsteinzeit zugeordnet werden, gefunden. Überliefert ist auch der Fund eines Steinbeils.[3] Während das Saaletal und seine Nebentäler in vor- und frühgeschichtlicher Zeit schon dauerhaft besiedelt waren, trifft das auf die Höhe nicht zu. Diese Funde zeugen aber davon, dass unsere Gegend bereits in der Steinzeit von Jägern durchstreift worden ist.

Das Jagdwesen unter den Erzbischöfen von Köln

Bis nach der Völkerwanderungszeit waren Wald und Wild in Mitteleuropa Gemeineigentum aller Freien. Das änderte sich mit der Herausbildung der feudalen Gesellschaft im frühen Mittelalter. Nun wurden die Wälder Eigentum der Könige und Kaiser. In ihren Bannforsten behielten sie sich die Jagd auf Groß- und Edelwild allein vor oder verliehen dieses Recht an Begünstigte. In der ersten Hälfte des 13. Jahrhunderts ging unter Kaiser Friedrich II. die Jagdhoheit allgemein an die Landesherren über.

Bereits im Jahr 1014 hatte Kaiser Heinrich II. das alte Reichsgut Saalfeld, zu dem auch der Orlagau gehörte, an den einflussreichen Pfalzgrafen Ezzo von Lothringen und dessen Tochter Richeza verliehen. Diese übereignete 1056 einen Teil des Landes an das Erzstift Köln.[4] Es handelte sich um einen größtenteils von Wald und Heide bedeckten Landstrich. Aus einer Grenzbeschreibung des Orlagaues durch Erzbischofs Anno II. von 1071 geht hervor, dass die Grenze des bischöflichen Besitzes unmittelbar an die heutige Hummelshainer Ortslage reichte. Aus dem Orlatal kommend, verlief sie am Würzbach entlang und dann weiter in Richtung Stanau. Der südöstlich von Hummelshain angesiedelte Flurname "Abtei" erinnert daran, dass es sich um ursprünglichen Besitz des Klosters Saalfeld handelt. In dieser Zeit begann ein intensiver Landesausbau. Selbstredend nutzten der Erzbischof beziehungsweise die Äbte des von ihm gegründeten Saalfelder Klosters auch die erworbenen Jagdrechte. Eine bischöfliche Urkunde[5] enthält interessante Details über die damaligen Jagd- und Siedlungsverhältnisse. Da wir über Hummelshain selbst, das später entstand, aus jener Zeit keine Nachrichten haben, seien hier einige Angaben zur bischöflichen Region um Saalfeld wiedergegeben.

Im gesamten rechtssaalischen Gebiet bildeten bis ins 10./11. Jahrhundert slawische Bewohner vom Stamm der Sorben den Hauptteil der Bevölkerung. Sie lebten als Viehzüchter, Jäger, Fischer, Zeidler, Harzschaber, Pechsieder, auch als Weidenflechter, Lodenhersteller und Weber. Die zum Teil noch heidnischen Bewohner waren teils Freileute, teils Hörige. Zu Letzteren zählten im Saalfelder Gebiet insbesondere die zum Bischofsgut gehörenden "Bischofsleute". Es gab auch Sklaven, für deren Verkauf ein besonderer Zoll zu entrichten war. Besonders ausgiebig werden die jagdlichen Belange geschildert. Die Jagd auf Bären, Hirsche und Wildschweine stand im Bannforst nur dem Bischof zu, die niedere

Herrschaftliche Hirschjagd im Mittelalter. Miniatur aus der Jagdchronik des Gaston des Foix
Deutsche Jagdchronik

Jagd anderen Berechtigten; "Raubzeug" wie Wölfe und Füchse konnte jedermann erlegen. Land zum Roden zu verkaufen, war den freien Waldbesitzern ohne bischöfliche Genehmigung verboten. Mühlen zu bauen, war im Interesse der Fischerei des Bischofs ebenfalls untersagt. Die bischöfliche Jagd wurde durch seinen Jägermeister (*magister venatorum*) und Jäger (*venatores*) ausgeübt. Alle Bischofsleute hatten Jagd- und andere Frondienste zu leisten, zum Beispiel als Wildtreiber. Zu den Diensten gehörte die Verpflegung der Jäger und der Hunde sowie die Verpflichtung, das erlegte Wild zu einer Sammelstelle zu tragen, von der aus es in die bischöfliche Speckkammer verfrachtet wurde. Ebenfalls vermerkt sind verschiedene drastische Sanktionen. So erhielt ein Mann, der eine Bärenspur entdeckte, dafür einen Preis; wenn "er aber das Wild gestohlen hat, so verliert er Frau und Kinder".[6]

Zur Entstehung von Hummelshain

Landesherr, Lokator und Bauern beim Anlegen eines Rodungsdorfes
Sachsenspiegel

Hummelshain muss unter den Orten der Umgebung den jüngeren Gründungen zugerechnet werden. Eine Orlamünder Kirchenurkunde vom 16. Januar 1194[7] gibt Auskunft über die jeweilige Situation um die Jahre 1083 und 1194. In Orlamünde existierte damals die erste Kirche der Region. Zu dieser "Urpfarrei" gehörten zweiundzwanzig Dörfer, darunter Eichenberg, Eutersdorf und Uhlstädt. Einzig erwähnter Ort der näheren Umgebung Hummelshains ist "Predesrod", also Pritschroda. Für 1194 findet auch unser heutiger Ortsteil Schmölln Erwähnung, der eine alte slawische Gründung ist. Sein Name (1194 als Zmulne, 1365 als Smollin, 1357 als Smoln erwähnt) geht auf den slawischen Begriff "smola" (= Pech) zurück. Offenbar wurde in der Siedlung in einem entsprechenden Ofen aus harzreichem Holz Pech gewonnen. Damals existierte in der Nachbarschaft von Schmölln außerdem der kleine, später aufgegebene Ort Bernhardsroda. Hätte Hummelshain zum Zeitpunkt der Ausstellung dieser Urkunde am Ende des 12. Jahrhunderts schon existiert, wäre der Ort mit Sicherheit genannt worden. Daraus ist zu schließen, dass die Gründung frühestens im 13. Jahrhundert erfolgt sein kann.

Über die näheren Umstände der Gründung lassen sich aus dem Ortsnamen einige Rückschlüsse ziehen. Namenskunde und Siedlungsgeografie bieten dafür einleuchtende Erklärungen. Thüringer Ortsnamen mit "-hain" (Ziegenhain, Lichtenhain, Hummelshain usw.) wie auch jene mit "-rode", "-walde", "-grün" zählen zu den jüngeren mittelalterlichen Ortsnamen und sind der so genannten Rodezeit zuzuordnen. Sie entstanden, als die Menschen infolge der wirtschaftlichen Entwicklung und des großen Bevölkerungswachstums im 12./13. Jahrhundert daran gingen, in bisher landwirtschaftlich ungenutzten waldreichen Höhenlagen Wald zu roden und hier Felder und Dörfer anzulegen. Östlich der Saale wurde damit zugleich die deutsche Besiedlung ehemals slawischen Landes vorangetrieben. Unter den in dieser Zeit entstandenen Ortsnamen sind jene auf "-hain" jüngeren Datums; sie lösten die älteren Namen auf "-rode" (zum Beispiel Pritschroda, Bernhardsroda) ab. Das alte Wort Hain bezeichnete einen "umzäunten, geschützten Ort", eine durch Dornenhecken gesicherte Siedlung oder eingefriedetes Weide- und Ackerland. Denkt man an den Wildreichtum der Hummelshainer Wälder, so leuchtet ein, dass man die hier durch Rodung dem Wald mühsam abgerungene Flur durch Einfriedungen schützen musste und der Ort somit nach damaligem Sprachgebrauch einen Hain darstellte.

Und warum gerade **H u m m e l s** hain? Dass es hier viele Hummeln gegeben haben könnte,[8] ist natürlich nicht auszuschließen. Wahrscheinlicher ist jedoch eine andere Erklärung. Die Initiative zur Rodung und Besiedlung unerschlossener Gebiete ging mitunter von Bauern aus, oft aber auch vom Landes- oder Grundherrn, in unserem Fall den Grafen von Weimar-Orlamünde. Dabei kam es zu einer Vereinbarung zwischen dem Feudalherrn und einem Lokator, einem Siedlungsunternehmer. Dieser warb Siedlungswillige, organisierte die Rodung und Ansiedlung und leitete das entstehende Gemeinwesen. Er bekam dafür besondere Vergünstigungen, erhielt in der Regel auch das Amt des Dorfschulzen, und sein Name prägte den Namen des neuen Ortes. Der Name Hummelshain geht nach Ansicht des Sprachwissenschaftlers Heinz Rosenkranz auf einen Lokator namens Hummel zurück.[9] Dieser Name ist in Schmölln noch als Hausname bekannt und in der Gegend mehrfach belegt; so war ein Johann Hummel 1529 Pfarrer in Oberbodnitz. Dass hier ein Familienname in den Ortsnamen eingeflossen ist, weist ebenfalls auf eine relativ junge Siedlung hin. Somit dürfte das kleine Walddorf in der letzten Phase der Rodungs- und Siedlungstätigkeit in diesem vormals slawisch besiedelten Gebiet im 13./14. Jahrhundert gegründet worden sein.[10]

Hummelshain wird wettinisches Amtsdorf

Bis zur Mitte des 14. Jahrhunderts stand die Region unter der Herrschaft der Grafen von Weimar-Orlamünde. Dann traten die aufstrebenden Markgrafen von Meißen, die zugleich Landgrafen von Thüringen waren, an deren Stelle. Dieses Fürstengeschlecht, nach seiner Stammburg Wettin bei Halle (Saale) Wettiner genannt, sollte unser Gebiet bis zu Beginn des 20. Jahrhunderts regieren.

Im 1349/50 angelegten Lehnbuch des Markgrafen Friedrich des Strengen[11] wird Hummelshain erstmals urkundlich erwähnt. In diesem Aktenwerk ist festgehalten: *"Item Johannes, Heinricus et Arnoldus de Leinfelt [...] villam Humelhain cum omnibus suis attinenciis et iudicio supremo et inferiore; super omnibus bonis suis premissis habent iudicium [...]"* Das besagt, dass zu diesem Zeitpunkt die Ritter Johannes, Heinrich und Arnold von Leinfelt das Dorf Hummelshain samt allen Zugehörungen sowie der höheren und niederen Gerichtsbarkeit als Lehen der Markgrafen von Meißen inne hatten.

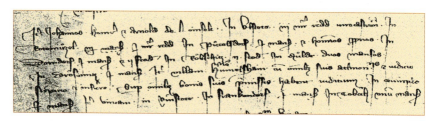

Ersterwähnung von Hummelshain 1349/50
Sächsisches Staatsarchiv

Die Ritter von Leinfelt waren vermutlich in Legefeld südlich von Weimar ansässig und ursprünglich Vasallen der Grafen von Weimar-Orlamünde gewesen. Außer in Hummelshain waren sie auch in Gumperda, Reinstädt, Röttelmisch und anderen Dörfern begütert. Das über den Ort gesetzte Rittergeschlecht starb wenige Jahrzehnte später aus. Hummelshain wurde dem Amt Leuchtenburg zugeschlagen, das inzwischen als wettinischer Verwaltungsbezirk gebildet worden war. Die Herrschaft über den Ort wurde nun vom Amtmann der Leuchtenburg als dem lokalen Vertreter des wettinischen Landesherrn ausgeübt.

Die Zins- und Steuerregister der Leuchtenburg[12] geben vom 15. Jahrhundert an ein genaueres Bild der dörflichen Situation. Nach dem Erbzinsregister von 1457 gab es in Hummelshain 15 hausgesessene Männer, somit etwa 15 Höfe. Im Steuerregister von 1496 sind 12 hausgesessene Männer verzeichnet. Die gleiche Anzahl Männer war zu Frondiensten verpflichtet. Die obere wie auch die niedere Gerichtsbarkeit im Ort übte das Amt aus. Getreide mussten die Hummelshainer nicht abliefern; vermutlich waren die Erträge zu gering. Auch Steuern (Landbede) hatten sie nicht zu zahlen. Stattdessen waren Frondienste bei der herrschaftlichen Jagd zu leisten. Die Leute mussten Jagdnetze fahren und zu den Hirsch-, Wolfs- und Saujagden bis in die Ämter Weimar, Jena und Saalfeld mitziehen. Dafür erhielten sie aus den fürstlichen Wäldern zum eigenen Gebrauch Schindelbäume und Brennholz.

Der fürstliche Jagdhof

Auch die wettinischen Kurfürsten und Herzöge beanspruchten die hohe Jagd in den Bannforsten als ihr besonderes, unantastbares Privileg. Zur Begründung wurde stets angeführt, dass "unsere löblichen Vorfahren und Wir von den römischen Kaisern und Königen mit den befreiten Bannforsten, Walden, Heiden und anderen Gehölzen und Pürschen belehnt und begnadet sind".[13] Bei der Einschätzung des Wertes der Territorien wurden die Jagdforste oft höher eingeschätzt als Ackerland. Ihre wirtschaftliche Bedeutung sah man zu dieser Zeit weniger im Holzbestand als vielmehr im großen Wildreichtum. Die Jagd war aber vor allem "die bevorzugte, zur Repräsentation am besten geeignete Fürstenlustbarkeit und eine der wenigen ritterlichen sportlichen Abwechslung in dem langweiligen Einerlei des Hoflebens".[14] Das "Fürst-Adeliche Jagd-Plaisier" war zum einen ein Statussymbol, hatte aber zugleich praktische Funktion. So wurden große Prunkjagden oft zu Ehren hoher Gäste ausgerichtet und dienten zur Festigung der auswärtigen Beziehungen des Fürstentums. Das Erlernen und Ausüben der Jagd sollte die jungen Adeligen körperlich ertüchtigen. Schließlich diente sie auch der Fleischversorgung des Hofes und zur Aufbesserung der landesherrlichen Kasse.

Herzog Johann, der spätere Kurfürst Johann der Beständige
Gemälde, Museum Leuchtenburg

Neben dem Pirschgang des einzelnen adligen Jägers waren im 15. und 16. Jahrhundert große Treibjagden nach französischem Vorbild die bevorzugte Jagdart. Ein Gemälde von Lucas Cranach dem Älteren aus dem Jahre 1529, das eine kurfürstliche Hofjagd bei Torgau darstellt, gibt davon ein anschauliches Bild. Bei einer solchen Jagd war neben zahlreicher Jägerei vor allem ein riesiges Aufgebot von Jagdfrönern vonnöten. Sie hatten das zusammengetriebene Wild beisammen zu halten, da man noch nicht über das später beim eingestellten Jagen eingesetzte Jagdzeug (Lappen) verfügte. Zu den wichtigsten Jagdgebieten der Wettiner zählten drei große Bannforste, das Revier von Lochau (heutige Annaburger Heide bei Torgau), das Schellenberger Revier (bei Augustusburg) und das Hummelshain-Wolfersdorf-Friedebacher Revier.[15] Im Jahr 1485 wurden die bis dahin gemeinsamen Besitzungen der Wettiner unter den Brüdern Ernst, Kurfürst von Sachsen, und Albrecht geteilt. Albrecht erhielt das wettinische Kernland, zu dem auch Schellenberg gehörte. Nach dem Schmalkaldischen Krieg 1547 verloren die Ernestiner schließlich auch das Lochauer Revier. Dadurch gewann das in ihrem Besitz verbliebene Hummelshain-Wolfersdorf-Friedebacher Revier eine herausgehobene Bedeutung. Aufenthalte der ernestinischen Herzöge bzw. Kurfürsten in Hummelshain sind für die Jahre 1494, 1516, 1517, 1519, 1535, 1537, 1539, 1543, 1545 und 1552 belegt. Da aber nicht jede Jagd urkundliche Spuren hinterlassen hat, ist von einer weitaus größeren Zahl und von regelmäßigen Jagdaufenthalten der ernestinischen Landesherren in dieser Zeit auszugehen.

Um die Belange der herrschaftlichen Jagd zu gewährleisten, hat es auf jeden Fall seit dem 15. Jahrhundert, wahrscheinlich schon früher, im Ort einen Jagdhof gegeben. Dieser war Sitz des Jägermeisters und seiner Knechte mit Wohn- und Stallgebäuden. Hier wurde das erlegte Wild aufbereitet, gelagert und versandt. Ebenso diente der Jagdhof zur Aufbewahrung der Jagdutensilien. Nicht zuletzt waren vor Ort auch Baulichkeiten zur Unterbringung des Landesherrn und seiner Begleitung während der Hofjagden, die meist während der Brunftzeit im September und Oktober stattfanden, notwendig. In diesem Jagdhof, der sich mit einiger Sicherheit im Umfeld des heutigen Alten Schlosses befunden hat, ist der Vorläufer der späteren Jagd- und Sommerresidenz zu sehen.

Das Jagdhaus des Kurfürsten Johann Friedrich

Die frühesten Nachrichten über herrschaftliche Jagdaufenthalte und -gebäude in Hummelshain beziehen sich auf den kursächsischen Herzog Johann (1468 bis 1532). Dieser, ein Bruder des sächsischen Kurfürsten Friedrich des Weisen, weilte bereits im September 1494 und in der Folgezeit sehr häufig hier. In einem Brief vom September 1516 berichtete er, in der Hummelshainer Umgebung sechzehn Hirsche geschossen zu haben. Ein großer Hirsch, den er bei Trockenborn angeschossen habe, sei von den Hunden bis nach Hummelshain gehetzt worden. Hier sei er durch das Wirtshaus hindurch und über drei Zäune weiter geflüchtet, bis man ihn am Jagdhaus mit einem Spieß zur Strecke gebracht habe. Bei einer Jagd im Herbst 1517 wies der Herzog fürstliche Verwandte, die ihn aufsuchen wollten, an, in Kahla Quartier zu nehmen, da in seinem Hummelshainer Haus zu "wenig Lagers" sei. Eine standesgemäße Unterkunft von gewisser Größe muss das herrschaftliche Jagdhaus dieser Zeit aber gewesen sein; immerhin verbrachte der Herzog samt Gefolge hier sogar das Weihnachtsfest 1519.[16] Man kann es sich als ein größeres Fachwerkhaus innerhalb des Jagdhofes vorstellen.

Für das Jahr 1529 vermerkt die Chronik von Hummelshain den Baubeginn eines ersten Jagdschlosses beziehungsweise eines neuen Jagdhauses. (Die Begriffe Jagdschloss und Jagdhaus werden bis ins 18. Jahrhundert meist gleichbedeutend verwendet.) Dafür gibt es jedoch keine urkundlichen Belege. Den Jahrrechnungen des Amtes Leuchtenburg ist zu entnehmen, dass der Bau eines neuen kurfürstlichen Jagdhauses in Hummelshain einige Zeit später, unter Johanns Sohn, Kurfürst Johann Friedrich dem Großmütigen (1503–1554), erfolgt ist. Dieser, Hanfried genannt, ist durch sein Standbild auf dem Jenaer Marktplatz als Gründer der Universität bis heute bekannt. Er weilte häufig zu Hirschjagden in Hummelshain, so in den Jahren 1535, 1537, 1539, 1543

Die "Fröhliche Wiederkunft" im 16. Jahrhundert
Lehfeldt

und 1552. Nach den oben genannten Jahrrechnungen erfolgten 1541/42 größere Arbeiten im Jagdhaus Hummelshain[17]. In den Jahren 1543 und 1544 sind neue Gebäude im "Jagetthoffe zum Hommelshayn" genannt. Erwähnt werden der Abriss alter Gebäude, der Neubau des Hauses sowie von Küche

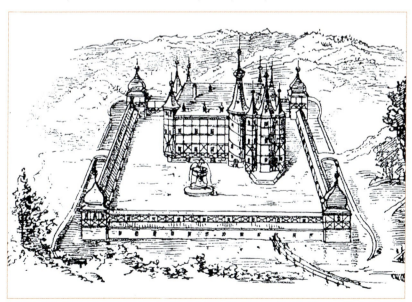

Erbaute das erste Jagdschloss: Johann Friedrich der Großmütige

Gouache, Museum Leuchtenburg

und Keller[18]. Der Vorgängerbau des heutigen alten Hummelshainer Jagdschlosses dürfte also in der Zeit von 1541 bis 1544 entstanden sein.

Wenige Jahre später wurde Johann Friedrich als Führer der unterlegenen protestantischen Fürsten im Schmalkaldischen Krieg 1547 von kaiserlichen Truppen gefangen genommen. In Folge dieser Niederlage verlor er nicht nur die Kurwürde, sondern auch die Gebiete um Wittenberg und damit das geschätzte Lochauer Jagdrevier. Die "Wittenberger Kapitulation" legte fest, welcher Besitz der Gattin und den Söhnen Johann Friedrichs verblieb. Dazu zählten unter anderem Stadt, Schloss und Amt Weimar sowie die Ämter Kahla und Roda. Namentlich erwähnt werden auch: "Hummelshayn, ein Jagd-Hauß und Dorf daran" sowie "Truckenborn, ein Jagd-Hauß und Dorf daran".[19]

So war den Ernestinern von den bedeutsamen Jagdgebieten – wie schon erwähnt – nur das Hummelshain-Wolfersdorf-Friedebacher geblieben. Als das alte Jagdhaus zu Trockenborn infolge der Kriegshandlungen abgebrannt war, wünschte der Fürst einen Neubau, da "sonsten nur das Jagdhaus Hummelshain als einziges in Thüringen verbleibe, welches wir zur Lust mit Pürschen und anderem Waidwerk könnten gebrauchen".[20] Aus diesem Grund ließ die fürstliche Familie noch während der Zeit der kaiserlichen Gefangenschaft des Fürsten in Wolfersdorf durch Baumeister Nikolaus Grohmann ein Jagdschloss errichten. Als Johann Friedrich 1552 aus der Haft entlassen wurde, fand darin am 15. September das erste Zusammentreffen mit allen Familienmitgliedern statt. In der Freude über die glückliche Heimkehr erklärte man, dass es "hinfort nicht anders als Fröhliche Wiederkunft heißen soll".[21]

Obwohl im nahe gelegenen Wolfersdorf somit ein Schlossneubau existierte, setzte Johann Friedrich auch in seinen letzten Lebensjahren die herbstlichen Jagdaufenthalte in Hummelshain fort. So weilte er hier 1552 mit der gesamten Familie zur Hirschjagd. Während dieser mehrtägigen Aufenthalte frönte man nicht nur der Jagdleidenschaft, sondern erledigte auch Regierungsgeschäfte, wie in Hummelshain verfasste Briefe des Kurfürsten belegen.[22] Auch das spricht dafür, dass es sich bei dem unter Kurfürst Johann Friedrich errichteten neuen Jagdhaus um ein standesgemäßes Bauwerk von ausreichender Größe und

Bequemlichkeit gehandelt haben muss, um die fürstliche Familie samt ihrem umfangreichen Hofstaat aufnehmen zu können. Reste der Bausubstanz dieses Hauses sind im heutigen Alten Schloss vorhanden (siehe Kapitel 3).

"unertregliche beschwerung von den Jegern"

Nach dem frühen Tod Johann Friedrich des Großmütigen 1554 wurde dessen Sohn, der in Weimar residierende Herzog Johann Wilhelm (1530–1573) zum Herrn der Hummelshain-Wolfersdorf-Friedebacher Jagdforste. Wenige Jahre nach seinem Regierungsantritt erließ der junge Herzog 1556/57 eine neue Polizei- und Landesordnung mit ausführlichen Bestimmungen für die Jagd. Darin werden erneut auch die von den Dorfbewohnern zu leistenden Anspann- und Jagdfronen geregelt. Ein Segen für das Dorf Hummelshain, das zu dieser Zeit etwa 140 Einwohner in 30 Haushalten hatte, kann die andauernde herzogliche Jagdleidenschaft nicht gewesen zu sein. Aus dem Jahr 1554 berichtet die Kirchenchronik, dass die Leute in Hummelshain sehr arm sind und "unertregliche beschwerung von den Jegern und dem wilde, welches im getraidich [Getreide – d. Verf.] jerlichen hoch beschedigt und vorwustet, dulden müssen".

Ab Mitte des 16. Jahrhunderts sind einige der vom Landesherrn in der nunmehrigen Oberförsterei Hummelshain eingesetzten obersten Bediensteten namentlich bekannt. Sie rekrutierten sich zumeist aus dem Adel des Landes, gelegentlich auch aus der höheren Beamtenschaft. Der Förster und Forstmeister Hans Rußwurm wurde bekannt, da er die rigorosen Jagdgesetze überaus streng durchsetzte, weshalb ein Weimarer Hofprediger gegen ihn polemisierte. Als Oberaufseher der Gehölze wird 1568 Hans Wilhelm von Kayn genannt, dessen Familie im Altenburgischen reich begütert war. Hans Wolf von Gleichen, ein Spross der in Thüringen weit verzweigten Grafen von Gleichen, wird 1594 als Jägermeister erwähnt.[23]

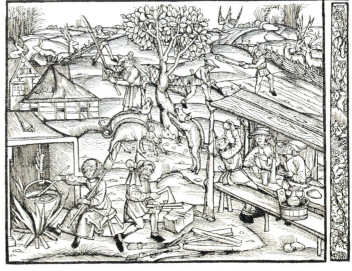

Mittelalterliches Dorfleben. Im Hintergrund verjagen Bauern das Wild
Holzschnitt um 1600.
Deutsches Leben

Die Jagdanlage Rieseneck

Ein Brunftplatz, wo sich das Wild "allzeit gern aufgehalten"

Der "Brunftplatz"
auf dem Prospect von
Joseph de Montalegre
Um 1750
Museum Leuchtenburg

Wegen ihres guten Erhaltungszustandes und ihrer reizvollen landschaftlichen Lage gilt die Jagdanlage Rieseneck heute mit Recht als besonders sehenswertes Kulturdenkmal, als ein einzigartiges "Freilichtmuseum" zur Jagdgeschichte des 17. und 18. Jahrhunderts. Doch schon vor Jahrhunderten galt sie in der Region als etwas Besonderes. In der ältesten Hummelshainer Kirchenchronik aus der Zeit um 1770 heißt es: "Unter den Merk- und Denkwürdigkeiten dieses Kirchspiels behauptet ohnstreitig der berühmte Jagdplatz Rieseneck den Vorzug. Er liegt 3 viertel Stunden von Hummelshain südwestlich und verdient von allen besonders Jagdverständigen besehen zu werden .... Die ganze Gegend, die vortrefflichen Aussichten, die häufige Sammlung des Wildprets daselbst besonders in der Brunftzeit, die Alleen und Reitsteige, die unterirdischen ausgewölbten Gänge, durch welche man unvermerkt in die Jagdschirme und durch diese dem Wildpret ganz nahe kommen kann, machen den Rieseneck angenehm und sehenswert. Diesem Platz hat Hummelshain ohnstreitig sein Daseyn, das Jagdschloss nebst Kirche, Schule und Gemeinde zu danken. Zu geschweigen der [...] Gegenwart so vieler fürstlicher als anderer hohen Standespersonen, die fast jeden Sommer hierher kommen, um auf dem Rieseneck sich zu vergnügen."[24]

Die historische Jagdanlage befindet sich drei Kilometer westlich von Hummelshain und ist zu Fuß vom Parkplatz "Chauseehaus" an der Straße von Kahla nach Neustadt in etwa 15 Minuten oder aus dem Tal von Großeutersdorf in ungefähr 45 Minuten zu erreichen. Das Rieseneck ist eine Anhöhe am nordwestlichen Rand des Hummelshainer Waldgebietes, die nach dem Drehbachgrund und dem Saaletal recht steil abfällt. Obwohl von Hochwald bewachsen, bietet diese Anhöhe an mehreren Stellen schöne Ausblicke ins Saaletal, so zur Burg Orlamünde, nach Kahla und zur Leuchtenburg. Für den Namen Rieseneck, der auch in den Schreibweisen "Reßeneck, Rießeneck, Risseneck, Risenegk" vorkommt, gibt es unterschiedliche Deutungen. Er wurde bisher meist auf den verbreiteten Personennamen "Riese" – in Verbindung mit der "eckig" ins Tal vorspringenden Form des Berges – zurückgeführt. Wahrscheinlicher ist jedoch, dass das Bestimmungswort auf natürliche Gegebenheiten Bezug nimmt. Nach Jens Hild ist hier an das mittelhochdeutsche "ris, riz" mit der Bedeutung "Zweig, Gebüsch, Wald" oder aber das gleichlautende Wort für Sumpf "ris" zu denken.[25]

Es gibt die Auffassung, am Ort der heutigen Jagdanlage habe sich im Mittelalter eine Siedlung dieses Namens befunden, die im sächsischen Bruderkrieg in der Mitte des 15. Jahrhunderts zerstört worden sei. In der oben genannten Kirchenchronik heißt es: "Vor Zeiten soll daselbst ein Dorf, die Rieseneck genannt, gewesen sein. Man findet auch in der That noch Überbleibsel von einer alten Kirche, an deren Mauer, ob sie gleich dem Wind und Regen stets ausgesetzt ist, man doch noch einige Spuren von Mahlerey wahrnehmen kann [...]" Auf einem Kupferstich der Zeit um 1750[26] ist inmitten der Jagdanlage ein Kirchturm (?) dargestellt. Da urkundliche Belege jedoch völlig fehlen, ist die Existenz der Siedlung oder einer Kirche unsicher und bedarf weiterer Aufklärung.

Das ursprünglich den Herren von Eichenberg gehörende Gebiet befand sich im 15. Jahrhundert im Besitz des Jenaer Dominikanerklosters. Im Zuge der Reformation übernahm es die Landesherrschaft und nutzte es zur Holzgewinnung und zur Erweiterung ihrer Jagdgebiete. Nach der Überlieferung war die einst von Eichen und Buchen bewaldete Anhöhe über der Saale schon immer ein besonderer Anziehungspunkt für das Wild, insbesondere das Rotwild, gewesen. In der Brunftzeit zog es aus der weiteren Umgebung in großer Zahl an diesen Ort. Ob es ursprünglich ein besonders gutes Futterangebot, die ruhige, abgelegene Lage oder andere Gründe waren, ist nicht mehr nachzuvollziehen. Jedenfalls ist überliefert, dass das Wild sogar von jenseits der Saale kam. Es schwamm durch den Fluss. Spätere Berichte sagen aus, dass es über die so genannte steinerne Brücke unterhalb von Niederkrossen zu seinem angestammten Brunftplatz in die Rieseneck-Flur wechselte.[27] Dass dieses alljährliche Naturschauspiel von Mitte September bis Mitte Oktober die Herzen der herrschaftlichen Jäger höher schlagen ließ, ist nur zu gut verständlich. Zu Beginn der Paarungszeit stehen die Hirsche zudem besonders gut im Fleisch. Ebenso wie das Wild stellten sich also die regierenden Fürsten zur Brunftzeit regelmäßig hier ein. Seit dem 17. Jahrhundert nahm das Hummelshainer Revier mit dem Rieseneck deshalb neben den Revieren von Wolfersdorf, Zeutsch und Unterbodnitz eine Vorzugsstellung ein. Besondere Hegemaßnahmen mit dem Ziel, dem Wild hier günstige Bedingungen zu schaffen, begannen jedoch den Jahrrechnungen des Amtes Leuchtenburg zufolge bereits in der ersten Hälfte des 16. Jahrhunderts, als hier ein freier Platz im Wald geschlagen und eine Salzlecke angelegt wurde.[28]

Herzog Johann Philipp lässt einen Brunftplatz anlegen

Durch erneute Teilung der ernestinischen Lande entstand 1603 ein selbstständiges Herzogtum Sachsen-Altenburg. Da die jungen Herzöge, die Söhne von Friedrich Wilhelm I., noch unmündig waren, stand das neue Land zunächst unter kursächsischer Vormundschaft. Als der älteste Sohn, Johann Philipp (1597–1639), 1618 das 21. Lebensjahr erreicht hatte, trat er die Regierung an. Johann Philipp wird als fromm und gebildet geschildert und ist als einer der besonders "jagdfrohen" Fürsten in die Geschichte eingegangen. Obwohl ihm die bescheidenen Möglichkeiten des kleinen Landes nur geringen finanziellen Spielraum boten, ließ er es sich nicht nehmen, unverzüglich die jagdlichen Verhältnisse des Landes und des Hummelshainer Reviers zu verbessern.

Herzog Johann Philipp
Gouache
Museum Leuchtenburg

Im Jahr 1618 war Hummelshain Sitz des Landjäger- und Oberforstmeisters des Fürstentums Sachsen-Altenburg. Zu seinen wichtigsten Aufgaben gehörte es, die fürstlichen "Jagdergötzlichkeiten" zu organisieren und den regelmäßigen Wildpretnachschub für die herzogliche Küche sicherzustellen. Regelmäßig ergingen an ihn aus allen Revieren des Landes Berichte über den aktuellen Wildbestand und die Jagdergebnisse. Er verfertigte auf dieser Grundlage schriftliche Berichte für den Herzog. Der wiederum übermittelte ihm detaillierte "Erlässe" über die vorgesehenen Jagden, seinen Anreiseweg, den Transport der Jagdutensilien, Verpflegungswünsche und unterzubringende Gäste. Hatten die Jagdknechte irgendwo einen Bären oder einen besonders starken Hirsch aufgespürt, führte dies oft zu seitenlangen Korrespondenzen zwischen Landesherrn und Landjägermeister, wie aus den Akten zu ersehen ist. Das Amt des obersten

Forstbediensteten scheint indes ein schwieriges gewesen zu sein, jedenfalls wechselten die Inhaber oft. Bis 1618 ist Joseph von Kayn auf Langenorla Oberaufseher und Forstmeister in Hummelshain, 1620 wird Sebastian von Bronsart auf Zeutsch genannt, 1622 Hans Wilhelm von Hohenbuck, ab 1628 Hans Georg Joachim von Dienstädt.[29]

Zunächst aber ging der junge Herzog daran, mehr Ordnung in das Jagdwesen zu bringen. Damit stand es nicht zum besten. Jedenfalls klagte Johann Philipp in seinem "Mandat, die Wildbahn betr." vom 5. Juli 1619, es hätten sich "mutwillige ungehorsame Leute, nicht nur Bürger und Bauern, sondern auch Adelspersonen unterstanden, viel Wildprets heimlich zu erschießen, niederzuschlagen, zu fahen [fangen – d. Verf.], aufzuheben und dasselbe dieblich zu entwenden".[30] Dies galt für alle Reviere, namentlich werden die "Leuchtenburgischen Heiden" genannt. Mit dem Mandat ließ der Herzog zahlreiche Verhaltensmaßregeln zum Schutz der herrschaftlichen Wildbahn verkünden beziehungsweise erneuern und strenge Strafen an Leib und Gut androhen. Gnädigste Strafe sollte sein, den Verbrechern "ein Geweih zu einem Schandmale an die Stirne zu brennen" und sie des Landes zu verweisen. Ein weiteres Mandat des Herzogs von 1620 wird in der Literatur[31] häufig zur Datierung für die Errichtung eines Geheges und eines Brunftplatzes für Hirsche, sozusagen als Geburtsurkunde für die erste, noch in Holz ausgeführte Jagdanlage am Rieseneck, herangezogen. Das ist jedoch unzutreffend. Nach neuen Archivrecherchen von Jens Hild[32] entstand die ursprüngliche Anlage am Rieseneck seit der ersten Hälfte des 16. Jahrhunderts in mehreren Schritten, teilweise erst nach dem Dreißigjährigen Krieg.

Derartige Anlagen waren damals in herrschaftlichen Jagdgebieten üblich, und es gab detaillierte Regeln für ihre Größe und Ausgestaltung.[33] Dementsprechend wurden unter Regie des Forstmeisters Sebastian von Bronsart und dessen Nachfolgern im Laufe der Jahre Futterplätze geschaffen, Jagdschirme und Pirschgänge errichtet. Diese Gräben waren mit Holz versteift und zunächst offen, später wurden sie teilweise abgedeckt.[34] Das Gelände war weiträumig von einem Wildzaun umgeben. Auch bequemere Reitwege sowie ein Haus entstanden. Worin bestand der Zweck dieser Anlage? Zum einen zielten die Maßnahmen darauf ab, Störungen des Wildes zu verhindern und es durch regelmäßige Fütterung an den Ort zu binden, damit insbesondere "das Rot- und Schwarzwild seinen gewissen Stand haben möchte". Zum anderen ging es um die effektivere Bejagung. Durch die Gänge konnte man das Wild unbemerkt und bequem beschleichen, beobachten und von den Jagdschirmen aus schießen. Dies dürfte auch den Damen, die zu dieser Zeit ebenfalls begeisterte "Jüngerinnen der Diana" waren, zustatten gekommen sein. Die Baumaßnahmen am Rieseneck gehörten also zu jenen zeittypischen Maßnahmen, "vermittels welcher von der hohen Landesobrigkeit mit weit besserer Bequemlichkeit, sowohl in ihrer zarten Jugend, als in ihrem kranken Zustande oder bei ihrer beschwerlichen Leibeskonstitution, ja auch wohl gar in ihrem hohen Alter das verlangte Wildbret mit größerer Kommodität aus ihrem Schirm nach Ihro gefallen erlegt werden könne", wie es Hans Friedrich von Fleming zu Beginn des 18. Jahrhunderts in seinem Buch "Der volkommene teutsche Jäger ..." beschrieb.

Herzog Friedrich Wilhelm II.
und seine jagdbegeisterte Gemahlin Magdalena Sibylle

Nach dem frühen Tod Herzog Johann Philipps im Gefolge der Plünderung Altenburgs wurde 1639 sein jüngerer Bruder Friedrich Wilhelm II. (1603–1669) alleiniger Regent des Herzogtums Sachsen-Altenburg. Noch während des Dreißigjährigen Krieges begann er tatkräftig, den Ausbau von Land und Herr-schaft voranzutreiben. Neue Verordnungen zielten darauf ab, Landwirtschaft, Handwerk und Handel zu stärken. In der Waldbewirtschaftung ging er mit neuen "Holzordnungen" gegen die Übernutzung der Wälder und Störungen der

Friedrich Wilhelm II. und seine jagdbegeisterte Gemahlin Magdalena Sibylle, Gouachen
Museum Leuchtenburg

Wildbahn vor. Um dem sittlichen Verfall des Volkes infolge des Krieges zu begegnen, setzte er auf verstärkte religiöse Unterweisung und erließ zahlreiche Mandate zur Disziplinierung der Bevölkerung, beispielsweise ein Mandat gegen übermäßigen Aufwand bei privaten Feierlichkeiten wie Verlöbnissen, Hochzeiten und Taufen. Unter seiner Regentschaft vergrößerte sich das Land als Folge von Erbteilungsverträgen zunächst um das Coburger Territorium, dann um die Henneberger Gebiete.

Nach dem Tod seiner kinderlos verstorbenen Gemahlin Elisabeth heiratete er "zum Wohle des ganzen Landes und zur Fortpflanzung des Fürstenhauses" 1652 Magdalena Sibylle (1617–1668). Die Tochter des sächsischen Kurfürsten Johann Georg I. war Witwe eines Sohnes des dänischen Königs. Ihre durch Herkunft und das Leben an großen europäischen Höfen geprägten hohen Ansprüche beeinflussten fortan auch die Verhältnisse der Altenburger Residenz. Sie war sehr kunstsinnig und kümmerte sich persönlich um finanzielle Fragen der Hofhaltung. Die bezüglich der "Fortpflanzung des Fürstenhauses" in sie gesetzten Erwartungen erfüllte sie trotz fortgeschrittenen Alters wunschgemäß: 1654 wurde ein Prinz, zwei Jahre später eine Prinzessin geboren, der ein Jahr darauf ein weiterer Prinz folgte. Als ein hervorstechendes Merkmal dieser Frau werden aber ihre Jagdleidenschaft und ihr jagdliches Geschick geschildert. Beides hatte sie offensichtlich von ihrem Vater geerbt, der als berühmtester und erfolgreichster Jäger seiner Zeit gefeiert wurde. Von da an vergeht keine Jagd am Rieseneck oder anderen Orten, bei der die Akten nicht an vorderster Stelle die Abschusszahlen "Sr. Hoch fürstlicher Gnaden Herzvielgeliebtesten Gemahlin" vermelden. So erlegt Magdalena Sibylle während der Hirschbrunft am Rieseneck im September 1657 einen Hirsch mit 20, einen mit 16, zwei mit 14 und einen mit 10 Enden, während Friedrich Wilhelm drei mit 12 und drei mit 10 Enden sowie ein Hauptschwein zur Strecke bringt.[35] Da hatte sie wenige Wochen zuvor ihr drittes Kind entbunden. In diesen Jahren spielten bei der Planung der Jagden die Termine ihrer Schwangerschaften und Geburten eine maßgebliche Rolle.

Nicht unerwähnt bleiben soll der in jener Zeit am Rieseneck und in Hummelshain tätige Hans Otto, allgemein Hans Otto Köhler genannt[36] (1583–1674?), an den eine bei der Jagdanlage befindliche Tafel erinnert. Diese Tafel zeugt davon, dass es auch ein einfacher Forstbediensteter zu hohem Ansehen bringen konnte. In den Akten erscheint "Hannß Otto Köhler" als "Forstknecht". Dabei ist nicht an einen gewöhnlichen Knecht zu denken. Im damaligen Sprachgebrauch war ein Forstknecht der dem Forstmeister unterstehende Förster beziehungsweise

Revierverwalter. Von der Zeit des Dreißigjährigen Krieges verwaltete Köhler das Rieseneck und das gesamte Hummelshainer Revier offenbar besonders erfolgreich und mehrte dessen Wildbestand beträchtlich. Am 1. Mai 1664 wurde eine Ehrentafel angebracht, die ihn und seinen Hund darstellt und folgende Inschrift führt:

> Hans Otto Köhler bin ich genannt,
> Dem Rieseneck und Wildbret wohl bekannt.
> 81 Jahre bin ich worden alt,
> Wie ihr hier sehet meine Gestalt.
> Ich hab den Ort 30 Jahre verwalt.
> Gott woll' auch nach meinem Leben
> Allezeit Lust und Hirsche geben,
> Damit auch nach meiner Zeit
> Die Herrschaft haben mög Freud'.
> Ich tue meinen Wunsch und bleib dabei,
> Daß dieser Platz nie ohn' Hirsche mög' sei.
> Amen, es werde solches wahr,
> Wünscht der alte Köhler dar.

Jäger im 18. Jahrhundert. Lavierte Federzeichnung von J. E. Ridinger
Deutsches Jagd-Archiv

Im Verlauf des Dreißigjährigen Krieges ging es aber im Hummelshainer Revier und am Rieseneck mit "Lust und Hirschen" zunächst stark bergab. Wie andere Orte auch, wurde Hummelshain ab 1623 mehrfach geplündert, die Einwohner misshandelt und 1633 schwer von der Pest heimgesucht: 47 der 128 Einwohner starben an der Seuche. Überall gingen die Wildbestände zurück. Das lag zum einen an der verstärkten Wilddieberei der hungernden Bevölkerung, zum anderen an den Wölfen. Durch den kriegsbedingten Kulturrückgang vermehrten sie sich enorm. Der ansonsten ruhige Würzbachgrund mit dem damals noch existierenden Dorf Würzbach hatte sich nach der Überlieferung in eine schauerliche Wolfsschlucht verwandelt. Entsprechend groß war die Zahl des von Wölfen gerissenen Hochwildes, in den Akten als "Wolfsbiß" vermerkt. Umso erstaunlicher, dass der tüchtige Forstknecht Köhler bereits ein Jahrzehnt nach Kriegsende wieder auf stattliche Rotwildbestände verweisen konnte. Das dürfte auch ein Hauptgrund für sein besonderes Ansehen gewesen sein.

Als Beispiel sei hier auszugsweise Köhlers historisch interessanter Hirschbericht vom 16. September 1659 an den "Hochwohlgeb. Gestrengen und Festen Herrn Landjäger und Oberforstmeister" von Stockhausen wiedergegeben: "Den Hirschbericht habe ich allhier aufgesetzt und berichte, wie es auf dem Hummelshainer Reviere beschaffen ist. Als wie folgt. Zum Ersten. Ein Hirsch von 14 Enden offen Rieseneck bei dem kleinen Häuslein auf dem Acker. Dieser Hirsch hat den Platz allein inne und lässt keinen anderen auf dem Platz [...] darf auch keiner bei den Kühen hinzu [...]. Ein Hirsch von 14 Enden an der Wand unter dem Platze offen Rieseneck [...]. Ein Hirsch von

14 Enden auf dem Pritzschröder [...], schreiet nicht, aber er stehet stets auf dem Acker bis 7 und 8 früh, kommt abends eine halbe Stunde bei Tage [...]. Ein Hirsch von 12 Enden auf der Abtei bei der Lecke [...] Ein Hirsch von 12 Enden auf dem blauen Hain, gehet nach dem Steinhügel [...]". Insgesamt berichtet der hochbetagte Forstknecht über 16 Hirsche und deren Standorte im Revier. Er schließt mit der Mitteilung: "[...] gehen auch noch zwei kleine Hirschlein in Lindiger Hölzer; dieselben schreien, sind aber nur 8 Enden. Weiter weiß ich nichts mehr. Hannß Otto Köhler."

Bereits vier Tage später sandte er seinem Vorgesetzten, der gerade Amtsgeschäfte in Coburg zu erledigen hatte, einen neuen Bericht, da sich weitere Hirsche eingestellt hatten: "[...] es stehen jetzt so drei auf dem Platze, welche immer einander rein jagen an den Wänden, halten sich auch wohl am Rieseneck, wiewohl auch auffen Pritzschröder und an anderen Orten, dass ich solches kaum bei meiner Zeit eine solche Brunft gesehen habe [...]."[37] Dem Herzog Friedrich Wilhelm II. und seiner jagdbegeisterten Gemahlin Magdalena Sibylle dürften die Jägerherzen ob dieser Nachrichten höher geschlagen haben. Ein Jahr darauf erlegte das Fürstenpaar im Hummelshainer Revier 33 Hirsche, 1 Spießer, 8 Kälber, 1 Rehbock, 4 Rehe, 2 Rehkälber, 1 Bache, 3 Füchse und 14 Stück sonstiges Wild. Alles andere als erfreut über den großen Wildbestand sind hingegen die Bauern gewesen, auf deren Feldern die vom Förster Köhler und seinen Nachfolgern gehegten Prachthirsche tagsüber in aller Ruhe ästen und großen Schaden anrichteten. Auch darüber liegen historische Berichte vor, so eine Klageschrift der Großeutersdorfer Bauern aus dem Jahr 1700.

Die steinerne Jagdanlage

"Auff des Durchlauchtigsten Fürsten und Herren, Herrn Friedrichs zu Sachsen gnädigsten Befehl ist 1718 dieser vor mehr als 100 Jahren hier wildbretreich befundene Rieseneck-Brunftplatz commoder eingerichtet, die Gänge mit Steinen erbauet und parallel gemacht worden von dem zur Zeit bestallten Oberforstmeister in Hummelshain, Hrn. F. von Beust."

Im "langen Gang" verweist eine Tafel auf Herzog Friedrich zu Sachsen (Friedrich III.) und das Jahr 1735

Die Inschrift der in der Mauer nördlich des Blasehauses eingelassenen Steintafel erinnert an jene Bauphase, die dem historischen "Brunftplatz" seine bis heute sichtbare Gestalt verlieh. Auf Vorschlag des Oberforst- und Landjägermeisters Hans Friedrich von Beust auf Reinstädt (1682–1729) sollten die im Laufe der Zeit verfallenen Pirschgänge statt in Holz bei etwa gleichen Kosten wegen der besseren Haltbarkeit nun in Stein ausgeführt werden. Bei dem "Herrn Friedrich zu Sachsen" handelt es sich um Herzog Friedrich II. von Sachsen-Gotha und Altenburg. Unter dessen Regentschaft wurde die Jagdresidenz Hummelshain insgesamt repräsentativ ausgebaut, worauf im folgenden Kapitel näher eingegangen wird. Es entstanden unter anderem ein neues Jagdzeughaus, eine neue Kirche und der Hetzgarten am Schloss. Zeitgleich erfolgte die Modernisierung des Brunftplatzes am Rieseneck. Die an einigen Gebäuden erhaltenen Jahreszahlen belegen eine rege und systematische Bautätigkeit in der Zeit von 1712 bis 1735. Darüber, was damals entstand, sind wir vor allem durch zwei historische Darstellungen informiert. H. F. von Beust fertigte 1719 ein Ölbild[38] an, das die im Bau befindliche Anlage zeigt. 1728 fertigte G.F. Horn einen detaillierten Grundriss mit Beschreibung[39] an.

Die Anlage am Rieseneck besteht zum einen aus dem Gebäudekomplex am "herrschaftlichen Grünen Haus". Dieses wurde 1727 errichtet, weil das alte "Grünhaus" verfallen und nicht mehr zu gebrauchen war. Gegenüber diesem

Reitweg zur Jagdanlage

befinden sich am Rande der Waldwiese die steinerne Wagenremise mit Heuboden (1717) und das Blockhaus, einstiges Wohn-Stallgebäude des Wildwartes. Eine schnurgerade Allee führt von hier zur eigentlichen Jagdanlage mit Blasehaus (1717), Wildacker, Salzlecken, Futterplatz und Suhle sowie einem System teils oberirdischer, teils unterirdischer Pirschgänge (1712/1735). Im Bereich vor dem Blasehaus war ursprünglich eine "Baumschule von jungen Eichen und Obstbäumen". Das Erdgeschoss des Blasehauses diente zur Lagerung von Wildfutter. Vom Obergeschoss aus wurde nicht nur gefüttert und die Jagd angeblasen; vielmehr blies der Wildwart regelmäßig vor der täglichen Fütterung das Horn. So war das Wild an sein Signal gewöhnt und kam – gewissermaßen auf Kommando – in die Anlage. Die sich rechts und links an das Blasehaus anschließen-

Das "Blasehaus"

den Mauern ermöglichten es, unbemerkt zu den Pirschgängen zu gelangen. Die drei überwölbten unterirdischen Stollen "von gantz gehauenen Steinen" sind etwa 1,80 m hoch und 1 m breit. Durch die in regelmäßigen Abständen eingebauten Luftlöcher fällt mattes Licht herein. Am Ende der Gänge befinden sich bequeme Pirsch- und Schießhäuser. Von hier aus konnte das durch Wildäcker, Salzlecken, Heuraufen und die Fütterung mit Obst und Hafer angelockte Wild beobachtet und erlegt werden. Von dem westlich gelegenen Schießhaus führte ein heute nicht mehr vorhandener "verborgener Gang, so unter der Erden von gantz zusammen gehauen Bäumen gewölbet". Durch ihn konnte man aus dem Wald in die Anlage gelangen, ebenso aus der Anlage zu einigen in der Umgebung befindlichen, heute nicht mehr vorhandenen Schirmen und Gängen. Für die Pflege und Erhaltung der Anlage hatten die Jagdfröner der umliegenden Orte die so genannte Riesenecks-Frone zu leisten, wozu auch Wegebau- und Reinigungsarbeiten sowie das Begrünen des Platzes bei Jagden mit Tannenreisig gehörten.[40]

Unter dem Sohn Friedrichs II., dem ab 1732 regierenden Herzog Friedrich III., wurde die Anlage weiter vervollkommnet, u. a. durch den Bau bequemer Alleen und Reitwege. Bis in die zweite Hälfte des 18. Jahrhunderts wurde das Rieseneck von den Gothaer Herzögen und ihren Gästen stark frequentiert, galt als ein "Sitz der Diana oder ein wahres Vergnügen aller jagdergebenen Herzen". Einer Sitte der Zeit entsprechend verewigte man im Gelände auf Gedächtnistafeln herausragende Jagdstrecken einzelner herzoglicher Jäger oder besondere Ereignisse. Daran erinnern heute die Köhler- und die Prinzessin-Tafel. Die letzte dieser Tafeln datiert aus dem Jahr 1794.[41]

Aus derselben Epoche wie die Rieseneck-Anlage stammt übrigens eine ähnliche, wenngleich nicht so große und gut erhaltene Pirschanlage in Baden-Württemberg: Die Pirschgänge im Böblinger Forst wurden 1733 bis 1737 unter Herzog Karl Alexander von Württemberg angelegt. In Thüringen existierten in dieser Zeit bei einigen Jagdschlössern des Herzogs Ernst August I. von Sachsen-Weimar ebenfalls kleine Pirschanlagen, die aber keinen langen Bestand hatten. Auf dem Kickelhahn bei Ilmenau, oberhalb des Jagdhauses Gabelbach, sind spärliche Reste eines zu jagdlichen Zwecken genutzten Grabensystems erhalten.

Verfall und Instandsetzung der Jagdanlage

Wilhelm von Kügelgen schildert in seinen "Jugenderinnerungen eines alten Mannes" liebevoll jene "von Tannen und Buchen umstandene Waldwiese, die mit Heuraufen und Krippen zum Behuf der Hirschfütterung versehen war". Seine Beschreibung bezieht sich auf das Jahr 1814. Danach waren die steinernen Anlagen zu dieser Zeit noch erhalten, wurden aber nicht mehr genutzt. Die Zeiten und die Jagdgepflogenheiten hatten sich grundlegend geändert. Vollends

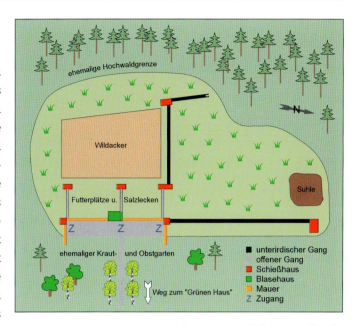

Orientierungsskizze der Jagdanlage Rieseneck
Zeichnung Hilgenfeld

verlor die Pirschanlage nach der "Jagdrevolution" 1830 und dem Anlegen des Hummelshainer Wildparkes beziehungsweise Tiergartens ihre Bedeutung. Löbe schreibt 1891 von den "jetzt unbenutzten und teils verfallenen Anlagen behufs der Jagd".[42] Trotz einzelner Maßnahmen des Herzoghauses, später des Hummelshainer Forstamtes, ging auch im 20. Jahrhundert der Verfall weiter. Baumbewuchs, insbesondere die Wurzeln, setzten den Sandsteinmauern und Gewölben zu. Mutwillige Zerstörungen taten ein übriges. Seit 1954 bemühten sich Heimatfreunde aus Kleineutersdorf und Mitglieder der Jagdgesellschaft, die Substanz der Anlage zu sichern. Das gelang nur teilweise. Das Blasehaus wurde von der Jagdgesellschaft Rieseneck als Schutzhütte genutzt. 1987 gründete sich in Kleineutersdorf der Freundeskreis Rieseneck im damaligen Kulturbund der DDR und arbeitet seither mit viel Einsatz daran, die Anlage in der Gestalt ihrer Entstehungszeit von 1712–1727 wieder herzustellen. Inzwischen unter Denkmalschutz stehend, wurden zahlreiche Baulichkeiten der historischen Jagdanlage instandgesetzt und das Gelände um das Grüne Haus mit der Remise und dem Blockhaus sowie das bekannte Waldschlösschen Herzogstuhl wieder in einen besseren Zustand gebracht. Auch durch Unterstützung der Thüringer Landesforstverwaltung ist das einzigartige Kulturdenkmal heute zu einem über Thüringen hinaus bekannten und viel besuchten touristischen Anziehungspunkt geworden.

Der Bau des Alten Schlosses und seine Nutzung im 18. Jahrhundert

Vom kurfürstlichen Jagdhaus zum Alten Schloss

Das Alte Schloss 2007

Dass zum Hummelshainer Schlossensemble z w e i historische Jagdschlösser gehören, ist vielen Besuchern des Ortes unbekannt. Eilige Gäste begeben sich meist auf kurzem Weg direkt zum Neuen Schloss, dessen mächtiger, schon aus weiter Entfernung sichtbarer Turm das Ortsbild dominiert. Dagegen wirkt das in der Dorfmitte in Nachbarschaft der Kirche gelegene Alte Schloss unscheinbar. Es handelt sich um eine aus drei Teilen bestehende Baugruppe. Das dreistöckige Hauptgebäude ist ein verputzter Fachwerkbau auf einem partiell unterkellerten massiven Erdgeschoss. Aufgrund des leicht ansteigenden Baugrundes befindet sich die Rückseite des Erdgeschosses teilweise unter der Geländeoberkante. Das Walmdach wird nach der Vorderfront durch einen stattlichen Zwerchgiebel dominiert. Der zweitürige Haupteingang ist von einem großzügigen hölzernen Balkon überdacht. An der Rückseite fällt ein neogotisches Portal ins Auge. Daneben befindet sich, an die Nordostecke gelehnt, ein gedrungener Rundturm mit Kegeldach. An der Ostseite fügt sich im rechten Winkel das zweistöckige Küchengebäude an, dessen hinterer Teil einen Gewölbekeller besitzt. An der Westseite steht ein funktionaler, überdimensionierter Fahrstuhlanbau. Westlich des Hauptgebäudes erhebt sich, nach hinten versetzt, das zweistöckige Kavaliershaus. Dieser Trakt ist durch einen aufgeständerten, mit Schmuckfachwerk verzierten Gang mit dem Haupthaus verbunden.

Das Alte Schloss in seiner heutigen Gestalt ist das Ergebnis einer wechselvollen Bau- und Nutzungsgeschichte. Während wir über die baulichen Veränderungen des 19. und 20. Jahrhunderts recht gut informiert sind, wissen wir über die Entstehung dieses Schlosses, insbesondere über den Bau seines Hauptgebäudes, nur wenig. Allgemein hatten sich die Landesfürsten bis zu Beginn des 16. Jahrhunderts meist mit schlichten Jagdhäusern begnügt. Das waren Zweckbauten, die lediglich der standesgemäßen Unterbringung während der Jagdzeiten dienten. Aus dem Bedürfnis, ihre Macht und Pracht bei den höfischen Jagden noch mehr zur Schau zu stellen, erwuchs nun allgemein der Wunsch nach größeren und schöneren Jagdschlössern und -anlagen. So enstanden in Thüringen unter anderem das Jagdschloss der Grafen von Schwarzburg-Rudolstadt in Paulinzella (um 1620), bei Weimar das ältere Jagdschloss Ettersburg (1706–1712) und bei Eisenach die Schlossanlage Wilhelmsthal (1712–1715). Dieser Wunsch dürfte auch beim Bau des Hummelshainer Jagdschlosses Pate gestanden haben.

Wechselvolle Baugeschichte: Das Portal wurde 1870 eingefügt, der Rundturm um 1910 aufgestockt, der "Toilettenturm" 1991 auf die jetzige Höhe gekürzt

Als Baujahr des Schlosses wird allgemein 1664 angegeben, während der Regierungszeit des Altenburger Herzogs Friedrich Wilhelm II. Diese Jahreszahl findet sich durchgehend in der älteren und neueren Literatur, so in der aktuellen Ausgabe des Dehio-Handbuchs der Deutschen Kunstdenkmäler. Die Zahl erweist sich jedoch als Fiktion, sobald man für einen Hummelshainer Schlossbau im Jahre 1664 nach authentischen Belegen sucht. Beispielsweise in der Korrespondenz Herzog Friedrich Wilhelms mit seinem damaligen Landjägermeister zu Hummelshain, Hans von Stockhausen,[43] während der 60er Jahre des 17. Jahrhunderts. Darin wird viel über die Vorbereitung der Hummelshainer Jagdaufenthalte dieser Zeit geschrieben. Man geht sogar auf Details wie die anlässlich einer bevorstehenden Jagd befohlene Reinigung des Gemachs der Prinzessin ein. Von Baumaßnahmen, gar dem Neubau eines Jagdschlosses in Hummelshain, ist jedoch nicht die Rede.

Auch in den deatilliert geführten Jahresrechnungen des für die Verwaltung der fürstlichen Bauten in Hummelshain zuständigen Amtes Leuchtenburg fehlen für 1664 Hinweise auf einen Schlossbau. In der Jahresrechnung 1665 findet sich überdies ein Inventar[44] des "Jagdhauses zu Hummelshain", in dem 52 Räumlichkeiten – Stuben, Gemächer, Kammern, Küchen, Keller, Badestuben, Stallungen usw. – aufgeführt sind. Zumindest in groben Umrissen ergibt sich daraus ein Bild der damaligen baulichen Situation. Der Gebäudekomplex bestand aus zwei größeren Teilen, einem älteren und einem neueren Haus sowie diversen Stallungen und Nebengebäuden. Zum neueren, als des "Herrn Land-jäger Haus" bezeichneten Gebäude[45] gehörten eine Stube des Jägermeisters, Schlafkammer, Kinderstube, Hinterstuben der Jägermeisterin, Speisekammer, Küche, Keller, eine Wendeltreppe sowie weitere Kammern und Bodenräume. Bei diesem Jäger- bzw. Forstmeisterhaus handelt es sich vermutlich um jenes Gebäude, das im 19. Jahrhundert als Ziegesar-Flügel bezeichnet und nach dem Brand von 1872 abgerissen wurde, bzw. um dessen Vorgängergebäude. Vom älteren Gebäude, dem "älteren fürstlichen Haus", werden an Räumen beispielsweise genannt: Frauenzimmerstube, altes fürstliches Gemach, Tafelstube, Silber-kammer, "Stüblein am Wolffsgarten". Außerdem Bratküche, "Zehrgarten" (Wild-keller), Heu- und Strohkammern, Pferdestall, alte und neue Badstube, ein "Thürmlein" sowie zahlreiche Nebengelasse.

Bei diesem Gebäude handelt es sich fraglos um den Vorgängerbau des Schlosses, also um das alte kurfürstliche Jagdhaus, das im Jahr 1664 demzufolge noch existierte. Wann aber enstand das von Herzog Friedrich Wilhelm II. in Auftrag gegebene Schloss? Wenige Tage vor dem Redaktionsschluss dieses Buches fand Jens Hild einen bisher unbekannten Brief des Herzogs an seinen Hummelshainer Landjäger- und Oberforstmeister von Stockhausen, der des Rätsels Lösung bringt. Der Herzog befiehlt in diesem Schreiben vom 15. August 1666, dass man sein Hummelshainer Haus nach der Hirschbrunst 1667 "... zum theil abtragen, undt sobalden ein neües gebeüde dohin bringen zulaßen ..."[46]. Im Weiteren gibt er Anweisungen zur Beschaffung von Ziegel, Kalk und Bauholz und zur Suche nach einem "bequemen" Steinbruch und geeigneten Lehmgruben. Er ordnet an, "... gegen den Frühling einen wirklichen anfangk zum Bauen ..."[46a] zu machen. Für den Abschluss des Baugeschehens liefert die Jahrrechnung 1670/71 einen Anhaltspunkte. Darin ist die Summe von 3.598 Gulden, 10 Groschen und $7^1/_2$ Pfennig für den Abriss des alten fürstlichen Hauses und die Errichtung und den Ausbau eines neuen Hauses vermerkt, "alles nach inhalt der [...] Michaelis 1670 beschloßnen Baurechnung"[46b]. Nach den Abrissarbeiten im Herbst 1667 haben die Arbeiten zum Bau des Schlosses somit 1668 begonnen und waren 1670 beendet.

In dieser Zeit vollzogen sich dramatische Veränderungen im altenburgischen Fürstenhaus. 1668 starb Herzogin Magdalena Sibylle, die das Hummelshainer Revier zuvor regelmäßig zur Jagd aufgesucht hatte, ihr Gemahl Herzog Friedrich Wilhelm folgte ein Jahr später. Nachdem der hoffnungsvolle Erbprinz Christian bereits 1663 gestorben war, segnete auch sein Bruder, von den Blattern dahingerafft, im April 1672 das Zeitliche. Mit dem tragischen Tod des erst vierzehnjährigen Herzogs Friedrich Wilhelm III. endete das Herzogtum Sachsen-Altenburg der älteren Linie und damit auch ein wichtiger Abschnitt der Geschichte des Hummelshainer Jagdreviers. Der Bauherr des Schlosses, Herzog Friedrich Wilhelm, hat sein Hummelshainer Schloss also nie betreten. Dessen erster fürst-

licher Nutzer wird Herzog Friedrich I. von Sachsen-Gotha-Altenburg gewesen sein, der ab 1675 regierte und zu sporadischen Jagdaufenthalten nach Hummelshain kam[47]. Große Hofjagden fanden hier aber erst wieder nach 1707 statt.[48]

Es ist also festzustellen, dass das in der Literatur bisher genannte Baujahr des Alten Schlosses 1664 nicht zutrifft. Das Jagdschloss, wie es zu Beginn des 18. Jahrhunderts auf verschiedenen Darstellungen in seiner bis heute erhaltenen Gestalt in Erscheinung tritt, ist offensichtlich einige Zeit später, von 1668–70, erbaut worden. Man errichtete es am Ort des vormaligen kurfürstlichen Jagdhauses, und verwendbare Teile dieses Vorgängerbaues wurden, wie damals üblich, in den Neubau einbezogen. So verweisen die paarig angeordneten profilierten Renaissance-Fenstergewände aus Sandstein, die im unteren Turmgeschoss erhalten geblieben sind,

▲ Renaissance-Fenstergewände im Untergeschoss des Turms

Zugang zur Kelleranlage, die von einem Vorgängerbau des Alten Schlosses stammt ▼

deutlich auf die Zeit des kurfürstlichen Jagdhauses. Auch die Keller, zu denen die linke der beiden Haupteingangstüren des Alten Jagdschlosses führt, dürften bereits in diesem Bau vorhanden gewesen sein. Die aus zwei übereinander liegenden kleinen Tonnengewölben mit radial angeordneten Zugängen bestehende Kelleranlage ist typisch für Bauten der Renaissance. Dies sind freilich nur Anhaltspunkte, denen weiter nachzugehen ist. Um die Baugeschichte des Alten Jagdschlosses genauer zu klären, sind eine weitere Auswertung der Archivalien sowie bauarchäologische Untersuchungen notwendig. Dabei könnte auch dem Hinweis Lehfeldts auf ein "fast ganz versteckt" liegendes Fenster bzw. einen Schweifgiebel, möglicherweise von einer Kapelle des Vorgängerbaues, nachgegangen werden.[49]

Neue Blütezeit unter den Gothaer Herzögen

Nach dem Aussterben der alten Linie fiel das Herzogtum Altenburg 1772 größtenteils an Sachsen-Gotha. Nunmehr waren Gothaer Herzöge die Herren des

Hummelshainer Reviers samt der Jagdanlage am Rieseneck. Während Ernst der Fromme (1601–1675) vermutlich nie in Hummelshain weilte, sind von seinem Nachfolger Friedrich I. (1646–1689) mehrere Jagdaufenthalte verzeichnet. Doch erst dessen Nachfolger, der ab 1689 regierende Herzog Friedrich II. (1676–1732), zeigte größeres Interesse am ehemaligen Fürstentum Sachsen-Altenburg[50] und auch am Hummelshainer Jagdrevier. Er ist der bereits im Zusammenhang mit dem Brunftplatz am Rieseneck erwähnte "Herr Friedrich zu Sachsen", der Bauherr der steinernen Jagdanlage.

Friedrich II. war einer jener prunkliebenden "Barockherrscher", die für Hofhaltung, stehendes Heer, Theater und Jagdvergnügen große Summen ausgaben und dies durch die Ankurbelung des Wirtschaftslebens, aber auch durch die Vermietung

Unter Herzog Friedrich II. wurde die Jagdresidenz umfassend modernisiert und ausgebaut. Ölgemälde von E. G. Haussmann 1730

Museum Leuchtenburg

ihrer Soldaten an ausländische Fürsten finanzierten. Friedrich II. war reichlich Geld beispielsweise während des spanischen Erbfolgekrieges durch die Vermietung von rund 12.000 Söldnern an den Kaiser in die Kassen geflossen. Auch dadurch war er in der Lage, in Altenburg wie auch in Hummelshain (und an anderen Orten des Herzogtums) eine rege Bautätigkeit zu entfalten. Die traditionsreiche, aber nicht mehr den gehobenen Bedürfnissen entsprechende Jagdresidenz wurde in der ersten Hälfte des 18. Jahrhunderts unter Friedrich II. und seinem Sohn Friedrich III. Schritt für Schritt repräsentativ ausgebaut. Dazu gehörte der Bau einer neuen Kirche am Schloss (1706), vor allem aber das Anlegen des großen Hetzgartens hinter dem Schloss (1716; 1727) und der Bau eines stattlichen Jagdzeughauses (1714) sowie einer Wagenremise. Zeitgleich mit den Baumaßnahmen im Umfeld des Schlosses erfolgte der Bau der steinernen Anlagen am Brunftplatz Rieseneck, ergänzt durch den Neubau des Grünen Hauses (1727), einer weiteren Wagenremise und anderer Gebäude.

Kirche von 1706, abgerissen 1893

Der Ort Hummelshain nahm in dieser Zeit ebenfalls eine positive Entwicklung. Hatte er 1586 noch 149 Einwohner und 1650 infolge des Dreißigjährigen Krieges nur noch 123, so waren es 1743 bereits wieder 259. Auch in den Anordnungen der Obrigkeit zeigen sich gewisse Fortschritte. So wird der Oberforstmeister von Kessel in einer 1736 erlassenen neuen Instruktion ausdrücklich darauf hingewiesen, bei den Jagdfronen das Wohl der Untertanen im Auge zu behalten, Rücksicht auf die Erntearbeiten zu nehmen, den Armen das Sammeln von dürrem Holz zu gestatten und die Forstbediensteten streng zu beaufsichtigen.[51] Ob damit deren oft beklagter Willkür Einhalt geboten wurde, darf freilich bezweifelt werden.

Schloss und Schlosshof im 18. Jahrhundert

An die Jagdresidenz des 18. Jahrhunderts erinnert im Hummelshainer Ortskern heute vor allem das Alte Schloss mit seinem an der Ostseite anschließenden Küchengebäude. Trotz mancherlei Umbauten ist in beiden Häusern viel von der ursprünglichen Bausubstanz vorzufinden. Dennoch war das äußere Erscheinungsbild damals völlig anders. Schlossgebäude und Küchenhaus standen nicht frei, sondern waren Teil einer geschlossenen Hofanlage. Deren Bebauung geht aus dem von G.F. Horn gezeichneten Grundriss von 1728[52] und späteren Rissen hervor und soll hier kurz geschildert werden.

Die Ostseite und die Nordostecke des Hofes nahmen, ähnlich der heutigen Situation, Schloss und Küchengebäude ein. Vom Küchengebäude verlief nach Süden eine Mauer, die durch eine Einfahrt unterbrochen war. Hinter dieser Mauer war eine Pferdeschwemme eingerichtet. In der Südostecke des Hofes stand ein Brunnen mit viereckigem Brunnenkasten. Die gesamte Südfront des

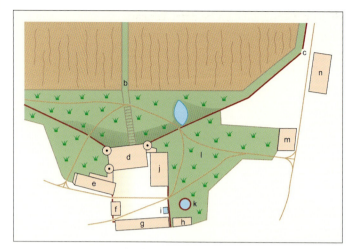

*Das Schlossensemble
1728 nach dem Grundriss
von G. F. Horn*

*b – Weg zum Schießhaus
c – eines der 5 Tore des
    Hetzgartens
d – fürstliches Haus oder
    Schloss
e – Forsthaus
f – Wachhaus
g – Ställe
h – Schlachthaus
i – Brunnen
j – Seitengebäude, Küche
k – Schwemme
m – Wagenschuppen
n – Zeughaus*

Zeichnung Hilgenfeld

Hofes wurde von einem großen, langgestreckten Stallgebäude eingenommen. Daran stieß ein Schlachthaus an. An der Westseite befanden sich ein Wachhaus und eine Toreinfahrt. Danach folgte das stattliche Forstmeisterhaus, dessen Giebelseite zum Hof wies. Es war durch einen Anbau, der einen Turmaufsatz besaß, mit dem Schloss verbunden. Durch diesen Anbau führte ein Gang zur außerhalb des Hofes, etwa am Standort des heutigen Gotteshauses, befindlichen Kirche. In östlicher Richtung schloss sich an den Hof ein Garten an, des Weiteren die Wagenremise und das Jagdzeughaus. Westlich des Schlosses, hinter dem Forstmeisterhaus war der so genannte Viehhof mit kleineren Ställen, darunter denen für die Jagdhunde.

Auch im Inneren des Alten Schlosses erinnert heute nicht mehr viel an seine einstige Bestimmung. Mit Hilfe der zeitgenössischen Inventarbeschreibungen kann man sich jedoch ein ungefähres Bild von der ursprünglichen Raumnutzung machen. Deshalb sei hier eine solche Beschreibung stark gekürzt wiedergegeben.[53] Die Inventare bezeichnen die wichtigsten Räume und ihre Nutzung, nennen vereinzelt auch wichtige Einrichtungsgegenstände. Unter Kammern sind nach dem Sprachgebrauch der damaligen Zeit nicht heizbare Räume, unter Stuben heizbare Räume zu verstehen. Von einem grünen Kachelofen im so bezeichneten Scheuerstübchen des Küchenhauses abgesehen, wurden die Stuben und Gemächer meist mit eisernen Öfen, die Aufsätze aus Ton oder Porzellan besaßen, beheizt.

Im Erdgeschoss:

- hinter der rechten Haupttür aus eichenen, grün gestrichenen Bohlen die mit Hirschgeweihen dekorierte Eingangshalle,
- darin die grün-weiß gestrichene Haupttreppe und dahinter die so genannte Silberkammer,
- rechter Hand eine Stube mit Alkoven sowie das Marschall-Stübchen,
- nach dem Küchengebäude zu das Rondell (Untergeschoss des Rundturms), in dem der Küchenmeister logierte,

– hinter der linken Haupttür ein kleiner, mit Ziegelsteinen belegter Vorplatz, von dem aus die beiden kleinen Keller zugänglich sind sowie eine Stube, in der bei Anwesenheit der Herrschaft der Amtsverwalter aus Kahla logierte,
– außerdem mehrere Wirtschafts- und Wäschekammern.

Im ersten Stockwerk:
– rechts der Treppe ein kleiner Vorsaal mit Verschlag zur Logierung der Bediensteten,
daran anschließend die Turmstube, das "obere Rondell", ein Abtritt (Toilette) und eine Stube mit anschließender Kammer,
– nach dem Schlosshof zu der mit Hirschgeweihen dekorierte untere Speisesaal, daneben ein kleiner Vorsaal, von dem ein Gang zur Wohnung des Oberforstmeisters und zur Kirche geht, sowie eine Kammer,
– nach dem Hetzgarten zu die Erbprinzenstube mit einer Kammer.

Im zweiten Stockwerk:
– rechts der Treppe ein Vorzimmer mit Verschlag zur Logierung der Bediensteten, daneben die über der Turmstube gelegene Stube mit einer Kammer, in der sich ein altes Himmelbett mit der Jahreszahl 1558 befindet, genannt das "khurfürstliche Bett",
– daneben eine Stube mit Kammer für Kavaliere und Damen,
– nach dem Schlosshof zu das mit "gemahlten Tapeten" und marmoriert gestrichenen Fenstern geschmückte Tafelgemach, in dem die Herrschaft speist,
– daran anstoßend das mit "rotlackierten und gemahlten" Tapeten ausgestattete Zimmer des regierenden Herzogs, zu dessen Einrichtung ein grün gestrichener Schreibtisch mit vergoldeten Beschlägen, ein "oval fourniertes Tischgen", ein Ofenschirm mit japanischen Figuren und ein großer Spiegel gehören,
– daneben eine als Retirade (Abtritt) gebrauchte Kammer,
– nach dem Hetzgarten zu das Gemach der Herzogin, das mit "grün lackierten" Tapeten, worauf "Jagdstücke gemahlt sind", ausgestattet ist und zu dessen Einrichtung zwei Nussbaumtischchen, vier Gueridons (Beistelltische), ein großer Spiegel und ein großer, mit geschnitzten Figuren geschmückter Ofenschirm gehören,
– daran anschließend das herrschaftliche Schlafgemach.

Im Dachgeschoss:
– eine als Garderobe benutzte Erker-Stube sowie eine Kammer,
– daneben eine Stube und Kammer zur Logierung der Bediensteten,
– gegenüber zwei weitere Bedienstetenkammern.

Das Küchengebäude wurde folgendermaßen genutzt:

Im Erdgeschoss:
– der durch eine zweiflüglige Tür zu erreichende lange Vorsaal,
– das so genannte Scheuer-Stübchen,
– die herrschaftliche Küche mit einem großen und einem kleinen Herd,
– das so genannte Bank-Stübchen der Küche mit einer langen Tafel "von Brettern zusammengenagelt",
– das "Milchgewölbe", in dem bei Anwesenheit der Herrschaft die Küchenspeisen gelagert werden,
– sowie drei Stufen tief ein Keller, der "Zehr-Garten" genannt, in dem die Wildpret-Waage hängt und in dem das Wildpret aufbewahrt wird,
– rechts der Treppe die Stube des Küchenschreibers.

Im Obergeschoss:
– ein Vorsaal, die Eckstube nach dem Schlosshof, in der Kavaliere logieren, eine Stube, die Malz-Kammer genannt, ebenfalls für Kavaliere bestimmt, mit zwei anschließenden Kammern sowie die Eckstube nach dem Hetzgarten, ebenfalls für Kavaliere bestimmt.

Im Dachgeschoss:
– zwei Erkerstübchen und drei Kammern für die Pagen.

Fürstliches Jagdzeughaus und Hetzgarten

Wie aus dieser Beschreibung ersichtlich ist, war das Hummelshainer Jagdschloss hinsichtlich seiner Größe und Ausstattung vergleichsweise bescheiden. Dank dem nahegelegenen Brunftplatz am Rieseneck, dem unmittelbar hinter dem Schloss befindlichen großzügigen Hetzgarten und den anderen Einrichtungen besaß die Jagdresidenz in dieser Zeit jedoch durchaus repräsentativen Charakter. Dazu trug nicht zuletzt das neue, 1714 errichtete Zeughaus bei.

Das 1716 erbaute Jagdzeughaus wurde später als Marstall genutzt

Ein kleineres, sicher in Fachwerk errichtetes Gebäude zur Lagerung von Jagdutensilien hat es in Hummelshain bereits im 16. Jahrhundert gegeben. Friedrich II. ließ nun eigens für diesen Zweck östlich des Hetzgartens ein massives, mit Wappensteinen geschmücktes Jagdzeughaus errichten, das bis heute erhalten ist. Wie es der Name besagt, diente es zur Aufbewahrung des für die aufwändigen "eingestellten Jagden" notwendigen Jagdzeugs, also der Netze, Tücher, Lappen, Garne, Stellstangen, Haspeln und so weiter, ebenso zum Abstellen der Transportwagen. Der lang gestreckte rechteckige Baukörper mit großem Boden war geeignet, die Zeugbahnen nach der Jagd aufzuspannen und trocknen zu lassen. Nach einer Abbildung aus der Zeit um 1750 besaß das Zeughaus ursprünglich auch an der Südseite ein Tor, so dass die Zeugwagen an der einen Seite hinein- und an der anderen hinausfahren konnten. Im 19. Jahrhundert, als infolge der veränderten Jagdmethoden nicht mehr so viele Gerätschaften gelagert werden mussten, wurde das Jagdzeughaus zum Marstall der Residenz umfunktioniert. Unter diesem Namen ist das heute sanierungsbedürftige Gebäude an der Trockenborner Straße seither bekannt. Der Wappenstein über der nördlichen Toreinfahrt wurde vermutlich in den 50er Jahren des 20. Jahrhunderts als "Symbol der Feudalzeit" abgeschlagen.

Überaus wichtig für die Durchführung großer Jagden war im 18. Jahrhundert der hinter dem Schloss angelegte Hetzgarten, von dem heute keinerlei sichtbare Spuren existieren. Wir sind über sein Aussehen jedoch durch zeitgenössische Darstellungen informiert. Es handelt sich unter anderem um das Ölgemälde "Grund-Riß von Hetzgarten" von 1717, dass sich im Besitz des Museums Leuchtenburg befindet, und den großformatigen Kupferstich "Prospect deß Fürstl: Jagdhauses Hummelshayn" von Joseph de Montalegre aus der Zeit um 1750. Während der "Prospect" die topografische Situation stark vereinfacht, wird sie im "Grund-Riß" detailgetreuer dargestellt. Der Hummelshainer Hetzgarten wurde der Aufschrift auf dem oben genannten "Grund-Riß" zufolge unter Herzog Friedrich II. im Jahre 1716 angelegt. Die in dieser Zeit noch anzutreffende Bezeichnung "Wolfs- oder Hetzgarten"[54] weist darauf hin, dass sich hier zuvor ein so genannter Wolfsgarten, eine jagdliche Einrichtung zum Fangen und Erlegen von Wölfen, befunden hat. Vermutlich an derselben Stelle existierte ursprünglich ein bereits 1540/41 erwähnter und 1580 grundlegend erneuerter Tiergarten.[55]

Der Hetzgarten erstreckte sich vom Alten Schloss im Gelände des jetzigen Parks bis fast an die oberhalb des Neuen Schlosses gelegene Schlossstraße. Seine Längenausdehnung betrug etwa 500 m, im unteren Teil war er rund 280 m breit. Der schmale obere Teil war mit Wald bestanden, der untere Teil Ackerfläche. Die Anlage war mit einem hohen Zaun umgeben und verfügte über zwei Türen und fünf Tore.

Die Jagd im Hetzgarten

In den Jagdakten des Forstamtes Hummelshain ist erstmals für den 1. Oktober 1717 eine Jagd im Hetzgarten erwähnt. Daran nahmen Herzog Friedrich II., seine Gemahlin Magdalena Auguste, der älteste Prinz und als Gäste die "gesamten saalfeldischen Herrschaften" teil. Wie hat man sich das Jagen in diesem Hetzgarten vorzustellen? Am häufigsten wurde hier die "Deutsche oder Eingestellte Jagd" praktiziert, und zwar während der "Hirschfeiste", vor allem aber in der Brunftzeit.

Hetzgarten und Schloss, Ölgemälde von 1716 Museum Leuchtenburg

Einem großen eingestellten Jagen gingen umfangreiche, oft wochenlange Vorbereitungen voraus. Der Amtmann wies zunächst alle Gemeindevorsteher der Dörfer an, die Fronpflichtigen zum bevorstehenden Jagddienst aufzubieten. Das waren zum einen Bauern, die Fuhrwerke besaßen, zum anderen in großer Zahl "Handfröner". Die Dorfbewohner von Hummelshain (einschließlich Schmölln) und Trockenborn (mit Wolfersdorf) waren Handfröner und ausschließlich zu Jagdfrondiensten verpflichtet. Zugleich zog der Landjägermeister in Hummelshain sämtliche Förster, Jäger und Jägerburschen der umliegenden Reviere zusammen, welche die Fröner anzuleiten und zu beaufsichtigen hatten. Diese verluden zuerst im Hummelshainer Zeughaus das Jagdgerät. Andere Fuhrwerke mussten Lebensmittel zur Verköstigung der Jagdgesellschaft anfahren, ebenso Hundefutter, Hafer, Heu und Stroh für die Pferde sowie Brennholz für die Küche im Schloss. Wenn die Zeugwagen an den befohlenen Plätzen des Forstes eingetroffen waren, begann unter der Leitung des Jägermeisters das Einlappen des Geländes und das Beitreiben. Die Treiberketten hatten sich zu einem riesigen Kreis oder Trichter zu formieren und langsam vorzurücken. Hinter den Treibern wurden Leinen gespannt, an denen Lappen befestigt waren, um das Zurückwechseln des Wildes zu verhindern. Treiber, denen ein Stück Wild "durch die Lappen" ging, mussten mitunter Strafgeld zahlen. War der erste Abschnitt des Beitreibens geglückt, wurde erneut verlappt, nun in einem etwas engeren Kreis. Die hintere Verlappung wurde entfernt, verladen und zum nächsten Standort gefahren. Auf diese Weise wurde das Wild im Verlauf mehrerer Tage immer enger eingekreist (eingestellt). Nachts musste die Lappstatt bewacht werden, um das Ausbrechen zu verhindern. Hatte man das Wild nach drei bis fünf Tagen auf engem Raum im so genannten Zwangstreiben eingeschlossen, wurde es unruhig. Dann genügten die Lappen nicht mehr. Man benötigte für das Rotwild Tücher und hohe Netze, für das Schwarzwild niedriges, besonders festes Zeug. Dennoch durchbrachen es die Sauen häufig. Dann hatten die Jagdschneider und -seiler rasch Ersatz zu liefern. Das Eintreiben und Bewachen des Wildes war eine schwere und gefährliche Arbeit, bei der – wie auch bei der

Eingestelltes
Hirschjagen,
Ölgemälde um 1740
Deutsches Jagd-Archiv

nachfolgenden Jagd – oft Unfälle passierten. Deshalb hatte das Forstamt Hummelshain eigens einen Jagd-Chirurgius aus Roda engagiert. Befand sich endlich genügend Wild im Zwangstreiben, erging eine Meldung an den Landesherren. Dieser brach nun nach Hummelshain auf, begleitet von seiner Familie und geladenen Gästen sowie einem großen Tross. Dazu gehörten Edelknaben und Junker, Hof- und Jagdbeamte, Musikanten, Stallmeister und diverse Handwerker, Köche, Schreiber, Diener, Knechte, Zofen und Wäscherinnen. Ebenso brachte man ausreichend Wein und Lebensmittel, Küchen- und Tafelgerätschaften sowie Jagdwaffen und -geräte mit.

Inzwischen hatten andere Fröner unter Aufsicht der Jägerei den letzten Abschnitt des eingestellten Jagens vorbereitet, die Kammer sowie den im Hetzgarten befindlichen Lauf. Am Tag, den der Herzog für das große "Jagdplaisier" bestimmt hatte, wurde das Wild in aller Frühe aus dem Zwangstreiben in die Kammer gedrückt, einen mit hohem Zeug und Netzen umstellten Platz, den nur noch ein fester Vorhang vom Hetzgarten trennte. Nach dem Frühstück wurden die hohen Herrschaften aus dem Schloss zum Schießhaus geleitet, einem offenen, bunt geschmückten Pavillon inmitten des Hetzgartens. Hier hatten die Büchsenspanner bereits die Waffen vorbereitet. Auf ein Zeichen des Herzogs ertönten die Jagdhörner, der Vorhang öffnete sich, und unter dem Klang von Pauken und Trompeten wurde das erste Wild in den Lauf gehetzt und, sobald es den Pavillon erreicht hatte, niedergestreckt. Der Lauf "füllt sich mit flüchtendem Wild, ratlos fährt es hin und wider, wilde Angst in den Lichtern. Manch ein Geweihter liegt und färbt den Rasen rot, um ihn stürzen Tiere und Kälber [...]", schildert ein zeitgenössischer Autor den weiteren Verlauf einer solchen Jagd. Hatten die herrschaftlichen Jäger und Jägerinnen genug geschossen, schenkte der Fürst den letzten abgehetzten Tieren mitunter die Freiheit. Nach dem Abblasen und den üblichen Zeremonien war für den Herzog und seine Gäste im Schloss ein Jagdbankett angerichtet, bei dem die Jägerei aufzuwarten hatte. Jagdpersonal und Fronbauern hatten indes noch mehrere Tage alle Hände voll zu tun. Das Wild musste aufgebrochen und zerlegt werden. Teils frisch, teils in Fässern eingepökelt, wurde es in die Residenz verfrachtet. Die Bauern hatten die Tücher, Lappen und Netze ins Zeughaus zu fahren, das Jagdzeug zu trocknen und instand zu setzen, bevor sie zur Arbeit auf ihren Höfen zurückkehren konnten.[56]

In dieser Art, wenn auch mit Abweichungen, gingen in den deutschen Fürstentümern Jahrhunderte lang die Hauptjagden vonstatten. Daneben wurden auch andere Jagdmethoden wie die Parforcejagd, die Jagd mit Beizvögeln (Falkenjagd) und die Pirschjagd ausgeübt. Formen der höfischen Jagd, die im 18. Jahrhundert im Hummelshainer Hetzgarten inszeniert wurden, waren Kampfjagden und das so genannte "Fuchsprellen". Bei den Kampfjagden nach altrömischem

Vorbild hetzte man zum Vergnügen der Zuschauer Bären, Hunde, Hirsche und andere Tiere aufeinander. Beim nicht minder grausamen Fuchsprellen ließ man Füchse, Wildkatzen, Fischotter oder Hasen aus Käfigen in den Hetzgarten laufen, die dann von den paarweise aufgestellten Damen und Herren mit langen, breiten Gurten, den Prellen, solange in die Luft geschleudert und zu Boden fallen gelassen wurden, bis sie verendeten. Das Fuchsprellen wurde auch in der Gothaer Residenz, auf dem Hof des Schlosses Friedenstein, durchgeführt.

Bedeutendste Jagdmethode jener Zeit war jedoch das eingestellte Jagen[57]. Dazu benötigte man nicht unbedingt einen Hetzgarten. Die Kammer und der Lauf, in dem das aus weitem Umkreis zusammengetriebene Wild von den herrschaftlichen Jägern erlegt wurde, konnte auch auf einer Waldlichtung des jeweiligen Jagdgebietes mobil errichtet werden. Ein Hetzgarten direkt am Schloss wie in Hummelshain steigerte jedoch den Komfort und den zeremoniellen Charakter bei einem solchen "Galajagen". Das Wild kam sozusagen zum Schloss, kam dem Fürsten und seinen Gästen wie von selbst vor die Büchse gelaufen. Nicht zuletzt daraus ergibt sich die Bedeutung des Alten Hummelshainer Schlosses in dieser Zeit. Obwohl nur ein schlichter, zweckmäßiger Bau, stellte das Schloss im 18. Jahrhundert den Mittelpunkt einer ansehnlichen landesfürstlichen Jagdresidenz dar. Zu ihr zählten Kirche, Jagdzeughaus, Wagenremise und andere Baulichkeiten. Die Glanzlichter waren freilich der Hetzgarten und der außerhalb liegende Brunftplatz am Rieseneck. Auf dem im herzoglichen Auftrag geschaffenen "Prospect" von Joseph de Montalegre aus der Zeit um 1750 werden Schloss, Hetzgarten und Brunftplatz deshalb – künstlerisch zusammengerückt – als repräsentatives Ensemble dargestellt.

Hummelshain
unter Freiherr Friedrich von Ziegesar

Ein Herzog mit lebhaftem Widerwillen gegen die Jagd

Die Nutzung des Schlosses und der hiesigen Einrichtungen zur Jagd durch die Landesherren erfolgte im Laufe der Jahrhunderte mit unterschiedlicher Intensität. Jahrzehnten häufiger Aufenthalte und glanzvoller Jagdereignisse, die oft mit reger Bautätigkeit verbunden waren, folgten mehrfach Zeiten, in denen das herrschaftliche Haus zu Hummelshain im Dornröschenschlaf versank. Das war mitunter Folge von Kriegen, politischen Krisen der Herrscherhäuser oder anderen Geschehnissen, nicht selten aber auch durch die persönlichen Neigungen der regierenden Fürsten bedingt, insbesondere deren Interesse oder Desinteresse an der Jagd. Das änderte sich erst, als Hummelshain nach 1826 auch zur Sommerresidenz ausgebaut wurde.

*Fürstlicher Jäger,
Gemälde von
J. K. Seekatz*
Deutsches Jagd-Archiv

In den letzten Jahrzehnten des 18. und den ersten des 19. Jahrhunderts nutzten die gekrönten Häupter ihr Hummelshainer Refugium eher selten. Hatte es in der ersten Hälfte des 18. Jahrhunderts mitunter mehrmals im Jahr Jagden "bei Anwesendheit der Landesherrschaft" gegeben, war dies den Jagdakten[58] nach nun kaum noch der Fall. Das dürfte nicht nur an Ereignissen wie den napoleonischen Kriegen, sondern vor allem an den anders gearteten Vorlieben der Herzöge dieser aufklärerischen Epoche gelegen haben. Ernst II. von Sachsen-Gotha-Altenburg weilte zwar mehrmals mit Gästen zur Jagd in Hummelshain, seine privaten Interessen lagen aber vorzugsweise auf dem Gebiet der Astronomie und Physik. Sein Nachfolger August, der als Sonderling mit besonderen Vorlieben für seidene Strümpfe und Damenkleidung galt, hegte gar einen lebhaften Widerwillen gegen die Jagd. Und der letzte Gothaer Herzog, Friedrich IV., war schon allein durch seine Krankheit nicht im Stande, sich weidmännisch zu betätigen.

Längere Abwesenheit der Landesherren bedeutete aber nicht, dass das Schloss währenddessen verfiel, Hege und Jagd in den Hummelshainer Forsten keine

Rolle spielten und die Bauern um ihre Frondienste kamen. Für die Verwaltung und bauliche Erhaltung des Schlosses und der anderen herrschaftlichen Bauten war der Kahlaer Amtmann des Amtes Leuchtenburg zuständig. Als Schlossherr fungierte in solchen Zeiten de facto der im Seitenflügel des Schlosses, dem Forstmeisterhaus, residierende Oberforst- und Oberjägermeister (Landjäger-meister), dem also gerade in Zeiten herzoglicher Jagd-Abstinenz eine besonde-re Rolle zukam.

Die Ära des Freiherrn von Ziegesar

"Das Hummelshayner Schloss komponierte sich damals aus dem Corps de logis oder dem eigentlichen Schloss, das mit seiner altertümlichen Einrichtung für gewöhnlich leer stand, und einem modernen Seitenflügel, den Ziegesars bewohnten. Beide Schlossteile umfassten mit den dazugehörigen Ställen und Remisen drei Seiten eines weiten steinernen Hofes; die vierte begrenzte das Staket eines freundlichen Gartens", beschreibt Wilhelm von Kügelgen in seinen Jugenderinnerungen[59] die Schlossanlage jener Zeit.

Bis zum Jahr 1800 hatte der langgediente Oberforst- und Oberjägermeister Hannibal Caspar Freiherr von Schmertzing dem im westlichen Seitenflügel des Schlosses untergebrachten Hummelshainer Forstamt vorgestanden. Die aus Niederkrossen stammenden von Schmertzings, deren männliche Familien-mitglieder stets den Vornamen Hannibal trugen, besaßen im Ort eines der bei-den Freigüter, das so genannte Alte Gut (heute Kahlaer Straße 21), zu dem auch die Würzbachmühle gehörte. Nach kurzer Amtsnachfolge durch Sohn Ferdinand Gottlob Hannibal, der jedoch nach Kranichfeld wechselte, übernahm 1801 der junge Sachsen-Gotha-Altenburgische Kammerherr und Oberforstmeister von Ziegesar die Leitung des Amtes. Er übte es mehr als 30 Jahre lang aus und war damals eine allgemein bekannte Persönlichkeit, an die sich mancherlei Erinnerungen knüpfen. Als Indiz dafür kann gelten, dass der westliche Seitenflügel (das Forstmeisterhaus, 1872 abgebrannt) seither stets als Ziegesar-Flügel des Schlosses bezeichnet wird.

Freiherr Friedrich von Ziegesar (1779–1832) entstammt einem märkischen Adelsgeschlecht, das im 18. Jahrhundert Gut Drackendorf bei Jena erworben hatte. Sein Vater bekleidete in Sachsen-Gotha-Altenburg und Sachsen-Weimar zahlreiche hohe Ämter, unter anderem als Gothaischer Kanzler und Minister sowie als Weimarischer General-Landschaftsdirektor. Seine Schwester war Sylvie von Ziegesar, die in Goethes Leben eine gewisse Rolle spielte. In seiner

Friedrich und Marie v. Ziegesar

Friedrich und Marie von Ziegesar, nach Ölgemälden von Gerhard von Kügelgen

Hummelshainer Zeit heiratete er zwei Mal. Nach dem Tod seiner ersten Gemahlin ehelichte er 1806 Marie von Berg, eine zwanzigjährige Schönheit, die einige Zeit zuvor als Hofdame der Großfürstin und Erbgroßherzogin Maria Pawlowna aus Russland nach Weimar gekommen war. Friedrich von Ziegesar und seine Familie waren somit den höchsten Kreisen eng verbunden – und der adelsstolze Forstmann trat nach den Schilderungen seiner Zeitgenossen dementsprechend auf. Kügelgen schildert ihn als einen "Ehrenmann von altem Schrot und Korn, als welcher er auch weit und breit im Lande respektiert ward". Manchen imponierte er allein schon wegen seines herzlichen Humors und seiner ungewöhnlichen Körpergröße. Durch ihn und seine Gemahlin entstand in Hummelshain ein gesellschaftlicher Mittelpunkt, der viele Gäste aus nah und fern anzog. Die ihm zugefallene Rolle als Schlossherr übte er mit Würde und Souveränität aus.

Wie im eigenen Haus führte er auch in den von ihm verwalteten Forsten ein strenges Regiment. Im Hummelshainer Forstamt standen dem Oberforst- und Landjägermeister unter anderem ein Forstkommissar, ein Forstaktuar und ein Jagdjunker zur Seite. In den Revieren waren Förster und Holzförster, mehrere Dutzend Jägerburschen und Kreiser[60] angestellt. Außerdem arbeiteten viele Tagelöhner im Auftrag der Förstereien. Es gab zu dieser Zeit im Kahla-Eisenberger Kreis zwei Forstämter: Klosterlausnitz und Hummelshain. Zu Ziegesars Verantwortungsbereich gehörten die Reviere Fröhliche Wiederkunft, Unterbodnitz, Zeutsch und Hummelshain. Zum Hummelshainer Revier zählten im einzelnen die Gemarkungen der Städte Kahla und Orlamünde sowie der Ortschaften Hummelshain, Schmölln, Lindig, Seitenbrück, Seitenroda, Löbschütz, Bibra, Gumperda, Eichenberg, Klein- und Großeutersdorf, Dienstädt, Bucha, Freienorla und Pritzschroda. Der Förster des Hummelhainer Reviers, zu dieser Zeit Christian Heinrich Hocker, hatte ebenfalls in Hummelshain seinen Sitz. Als er 1816 starb, übernahm von Ziegesar dessen Amt zusätzlich zum eigenen mit.

Eine von Ziegesars Hauptaufgaben bestand darin, die Hege und Jagd des Wildes jederzeit sicherzustellen – selbstredend auch dann, wenn der gerade regierende

Herzog kein Interesse an der ihm zustehenden Hohen Jagd hatte. Das Jagdrecht wurde währenddessen durch die dem herzoglichen Forstamt unterstellte Jägerei ausgeübt, um die Versorgung des Hofes mit Wildpret zu sichern und Einnahmen aus dem Verkauf zu erzielen. So wurden nach den Jägerei-Rechnungen[61] auch in jenen Jahren in den vier Revieren des Forstamtes Hummelshain beträchtliche Mengen an Rot-, Schwarz- und Rehwild zur Strecke gebracht und verwertet:

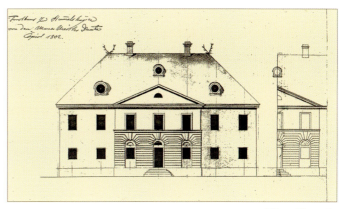

Entwurf des unter Ziegesar erbauten Forstamtsgebäudes von 1802

Jahre	Rotwild	Schwarzwild	Rehwild
1781–1790	1037	328	347
1791–1800	1035	235	672
1801–1810	1121	126	783
1811–1820	1178	94	933
1821–1831	1514	66	1100

Betrachtete man in früheren Jahrhunderten den Wald vor allem als Aufenthaltsort des Wildes, hatte man inzwischen allgemein auch den ökonomischen Wert einer umfassenden Waldnutzung erkannt. Der Bedarf an Bau- und Brennholz wuchs, auch Produkte wie Harz, Pech und Holzasche waren gefragt. Dementsprechend zählte es zu den Aufgaben des Oberforstmeisters, die Forste so zu bewirtschaften, dass der herzoglichen Kammer möglichst regelmäßige Einnahmen zufließen konnten. Damit stand es in Hummelshain aber nicht zum Besten. Die Forstwissenschaft in Thüringen, vor allem in Sachsen-Weimar-Eisenach, war bereits weit fortgeschritten; auf dieser Grundlage hatte der Schwarzburg-Rudolstädtische Kammerrat und Jägermeister Karl Christoph von Lengefeld[62] schon 1764 ein umfangreiches Gutachten zur Verbesserung der Forstwirtschaft in den Ämtern Hummelshain und Klosterlausnitz erarbeitet. Sowohl von Schmertzing als auch sein Amtsnachfolger von Ziegesar waren aber erklärte Gegner forstlicher Modernisierungen und setzten es durch, dass man bei der "bewährten Praxis" mit all ihren ungelösten Problemen blieb. Auch in einer anderen Frage zeigte sich von Ziegesar als Mann "von altem Schrot und Korn".

Der führende Forstwissenschaftler jener Zeit, Forstrat König aus Ruhla, hatte 1828 den Aufbau einer Försterschule vorgeschlagen, um die im Vergleich zu anderen Ländern unzureichende Ausbildung der Altenburger Forstbediensteten zu verbessern. Man erwog, diese im leer stehenden Schloss Fröhliche Wiederkunft einzurichten. Das Vorhaben scheiterte nicht zuletzt an den zahlreichen Bedenken, die Oberforstmeister von Ziegesar dagegen vorzubringen hatte.[63]

Verdienste erwarb er sich indes durch mancherlei Bau- und Verschönerungsmaßnahmen. So fällt in seine Zeit die Entstehung eines neuen, repräsentativen Forstamtsgebäudes (erbaut 1802–07) im so genannten Neuen Garten am

Nordhang des Würzbachgrundes (heute Am alten Forsthaus). Seine exponierte Lage wurde aus landschaftsgestalterischen Gründen gewählt, um an der dem Schloss gegenüberliegenden Talseite einen "romantischen Blickfang" zu schaffen. Auch die unter seiner Leitung gebaute "Kunststraße" zum Riseneck ließ er so anlegen, dass sich beim Befahren zahlreiche angenehme Ausblicke in die Landschaft ergaben. Bereits 1818 entwickelte Friedrich von Ziegesar die Idee eines Tiergartens zur

Unter Ziegesars Leitung wurde eine Kunststraße zur Erschließung des Riesenecks gebaut. Lithografie von C. C. L. Heß

Museum Leuchtenburg

Verminderung der massiven Wildschäden, die aber erst 1831 im Gefolge der "Jagdrevolution" verwirklicht werden konnte (siehe Kapitel 5). Sein Sohn Hugo setzte die Ziegesar-Dynastie nach längerer Unterbrechung später übrigens fort. Er war ab 1852 Revierverwalter (Förster) in Hummelshain und von 1856–1871 Forstmeister, später Oberforstmeister des Herzoglichen Forstamtes.

Kügelgen, Gabelentz – und natürlich auch Goethe ...

Groß ist die Zahl der erlauchten oder weniger erlauchten Gäste, die Freiherrn Friedrich von Ziegsar und seiner Gemahlin damals ihre Aufwartung machten und deren vielgerühmte Gastfreundschaft genossen. Es können hier nur wenige Beispiele genannt werden. Literarische Berühmtheit erlangte Schloss Hummelshain vor allem durch mehrere Besuche der mit Marie von Ziegesar verwandten Familie des Dresdner Malers Gerhard von Kügelgen. Dessen Sohn, der bereits zitierte Maler und Schriftsteller Wilhelm von Kügelgen (1802 bis 1867), liefert in seiner viel gelesenen Autobiografie "Jugenderinnerungen eines alten Mannes" eine liebevolle und detailreiche Beschreibung seiner Aufenthalte der Jahre 1813/1814 und 1819, die mit den Worten endet: "[...] immer werde ich mit wärmstem Herzen meines geliebten Hummelshayn gedenken, seiner dunklen Wälder, seines alten Schlosses und der trefflichen, mir ewig teuren

Eine der zahlreichen Ausgaben von Kügelgens Autobiografie

Menschen, die dort hausten." Das seit seinem Erscheinen 1870 immer wieder neu aufgelegte Buch[64] ist eine literarisch und kulturgeschichtlich gleichermaßen interessante und auch heute noch empfehlenswerte Lektüre.

Zu den trefflichen Menschen, die Kügelgen in seinem Werk schildert, gehören neben den Ziegesars die mit geschürzten Röcken den Acker pflügende Frau Pastorin und ihr weltfremder Gemahl ebenso wie der Weimarer Erbgroßherzog und seine Gemahlin Maria Pawlowna. Ausgiebig erzählt von Kügelgen von seinen Spielkameraden und den gemeinsamen Streifzügen durch das Schloss und die nähere und weitere Umgebung. Den alten Hetzgarten erleben die Knaben als Wildnis voller Disteln und Gestrüpp, in dem die Nachtigallen singen. Bei einem Ausflug zum Rieseneck erzählt ihnen die Tante (von Ziegesar) die schaurige Geschichte der "Weißen Frau von Orlamünde". Auch die Auswirkungen der politischen Großereignisses jener Jahre beschreibt der Autor eindrucksvoll. Die vom Pastor ins Dorf gebrachte Nachricht vom Sieg über Napoleon und der Einkehr des Friedens im Frühjahr 1814 führte auf dem nächtlichen Schlosshof zu einem spontanen Freudenfest. Die Dorf- und Schlossbewohner singen das Lied "Nun danket alle Gott". "Ziegesars Jäger stimmen mit ihren Waldhörnern ein, und weithin schallte der Lobgesang über das Dorf hinaus in die stille Frühlingsnacht." Einige Zeit darauf passieren auf dem Rückmarsch befindliche Kosaken- und Baschkiren-Regimenter nacheinander Hummelshain und rasten hier. Die gut russisch sprechende Frau von Ziegesar "hatte alle Hände voll zu tun, um allen Anforderungen zu genügen die aus Küche und Keller wie aus der kranken Stube ohne Unterlass an sie ergingen". Wilhelm von Kügelgen und seine

Spielkameraden erfreuen sich am Balalaika-Spiel der "Asiaten" und befreunden sich mit einigen Soldaten. Für den Ort hatte der Krieg freilich viele unangenehme Folgen gehabt. Zahlreiche Einwohner waren am Typhus, den zuvor durchziehende Soldaten eingeschleppt hatten, gestorben.

Ebenfalls als Kind weilte Hanns Conon von der Gabelentz (1807–1874), später angesehener Staatsmann und berühmter Sprachwissenschaftler, in Obhut der Familie von Ziegesar mehrere Jahre im Hummelshainer Schloss. Als Sohn des Kanzlers Leopold von der Gabelentz 1807 in Altenburg geboren, sprach Hanns Conon schon im Vorschulalter fließend Englisch, Französisch und Italienisch. Allerdings bereitete das Wunderkind seinen Eltern Sorgen wegen seiner überaus zarten körperlichen Konstitution. Jahrelang wurde er mit den damals üblichen Hausmitteln behandelt. Als er das Schulalter erreicht hatte, schickten ihn seine Eltern nach Hummelshain. In der gesunden Waldluft sollte er seine Gesundheit stabilisieren. Er wuchs hier mit den Kindern der Familie von Ziegesar auf und wurde von deren Hauslehrer unterrichtet, bis er das Altenburger Gymnasium bezog. Als Wissenschaftler hat er sich später mit über 80 Sprachen aus aller Welt befasst, von denen er einen großen Teil als erster wissenschaftlich bearbeitete.

"Die Fröhliche Wiederkunft", Lithografie von C. C. L. Heß
Museum Leuchtenburg

Im Revolutionsjahr 1848 gehörte er dem Frankfurter Parlament an, er war Minister und Landschaftspräsident in Altenburg und Landesmarschall in Weimar. Ähnlich wie Wilhelm von Kügelgen hat von der Gabelentz später seinen Kindheitsaufenthalt im Hummelshainer Schloss als eine besonders glückliche Zeit seines Lebens geschildert.[65]

Dass damals – neben vielen anderen Gästen – auch Johann Wolfgang von Goethe ans Hummelshainer Schlosstor klopfte, um einen Höflichkeitsbesuch abzustatten, war nicht weiter verwunderlich. Schließlich war der Hausherr ja ein Bruder der von ihm umschwärmten und bedichteten Sylvie. Er hatte sie, wie auch Friedrich und Marie von Ziegesar, im Frühsommer 1808 bei einem Kuraufenthalt in Karlsbad näher kennen gelernt. Als er die Ziegesars in Hummelshain dann auf der Rückreise von einem Kuraufenthalt in Franzensbad im Herbst 1808 besuchen wollte, verfolgte ihn aber offenbar das Pech. Am Vortag war hinter Schleiz sein Wagen umgestürzt, dann hatte sich der Kutscher verfahren und war erst spätabends in Neustadt eingetroffen. Am nächsten Morgen, dem 14. September 1808,[66] ging es weiter nach Hummelshain, aber die Ziegesars waren auf Reisen, und Goethe musste unverrichteter Dinge weiterziehen. Die Beziehung war damit aber offenbar nicht beendet. Jedenfalls hat er sich, wie ein Brief[67] belegt, Jahre später einen von Forstmeister Ziegesar übersandten Frischling aus dem Hummelshainer Revier munden lassen.

Ortsgesetz zur Regelung der in Unordnung gekommenen Jagdfrondienste

Wie in den Jahrhunderten zuvor, waren auch zu Beginn des 19. Jahrhunderts die Beziehungen zwischen den in Schloss und Förstereien ihren Dienst verrichtenden Beamten und der Dorfbevölkerung alles andere als konfliktfrei. Das war im Amtsbereich des Friedrich von Ziegesar nicht anders als in anderen Regionen Deutschlands. Eine Vielzahl von Mandaten und Verordnungen, die allerorten ständig erneuert, verschärft und geändert werden mussten, zeugen vom permanenten Kleinkrieg zwischen Obrigkeit und Bevölkerung bezüglich der Waldnutzung.

Eines von vielen strittigen Themen war das Holzlesen, ein von altersher bestehendes Recht der Bevölkerung, im Wald unentgeltlich trockenes Holz sammeln zu dürfen. Ein Altenburger "höchstes Mandat" von 1793 beklagte, dass "arbeitsfähige junge Mannes- und Weibspersonen [...] unter dem Vorwande des Holzlesens den Holzdiebstahl in vereinten Haufen und mit schneidenden Werkzeugen"[68] betrieben und dabei den Behörden offenen Widerstand leisteten. Zugleich wurden neue Regelungen für das Holzlesen verkündet. Es durfte fortan nur noch an festgesetzten Tagen und zu bestimmten Zeiten erfolgen. Die Holzsammler sollten ein "Holzzeichen" am Hut bzw. am Ärmel tragen, um sie besser kontrollieren zu können. Bei Übertretung waren Pranger-, Gefängnis- und Zuchthausstrafen angedroht. Aber bereits 1811 erschien ein neues und "geschärftes" Mandat. Offensichtlich hatten die vorigen Bestimmungen nicht gefruchtet, und die Leute holten sich weiterhin nach eigenem Gutdünken ihr Holz aus dem Wald. Ebenfalls recht häufig wurden "Mandate gegen das Schießgewehrtragen" verkündet, mit denen die weit verbreitete Wilderei eingeschränkt werden sollte.

Auch mit den Frondiensten lief es nicht mehr so, wie die Obrigkeit wünschte. Ein "Regulativ" für Hummelshain aus dem Jahr 1800[69] sollte deshalb die "in Unordnung gekommenen Jagdfrondienste" neu regeln. Auch diese "Unordnung" dürfte nicht zuletzt eine Auswirkung der französischen Revolution gewesen sein, und die moderaten "Bierstrafen" und anderen Neuregelungen im Ortsgesetz zielten darauf ab, die "Härten früherer Zeit auszugleichen".[70] Nach wie vor waren die Hummelshainer zu zahlreichen Diensten verpflichtet. Sie mussten bei allen Arten von Treibjagden und bei der Winterjagd mit dem Sauzeug zur Verfügung stehen, hatten verschiedene Arten von Jagdzeug zu verladen, zu transportieren und aufzustellen sowie die herrschaftlichen Wege in Ordnung zu halten. Fronpflichtig war jeder Mann vom 16. bis zum 60. Lebensjahr. Dass man das entsprechende Alter erreicht hatte, war durch Vorlage des Taufscheins beim Forstamt zu belegen. Das Amt des Jagdschultheißen wurde nach der Reihenfolge der Wohnhäuser jährlich neu besetzt. Für seine Tätigkeit erhielt er zu Lichtmess[71] einen Reichstaler. Sooft es das Forstamt verlangte, hatte der Schultheiß die Fronmannschaft zu bestellen. Zur Winterjagd mit dem Sauzeug hatten sich die Fronpflichtigen, wenn Neuschnee gefallen war, unaufgefordert im Jagdschloss einzufinden. Vom Dienst befreit war man durch eigene Krankheit oder Krankheit der Ehefrau, den Besuch des heiligen Abendmahls sowie bei Hochzeit oder Kindtaufe.

Wer den Frondienst versäumte, hatte zur Strafe eine Ohmkanne Bier abzuliefern, die von den übrigen Frönern zu vertrinken war. Auch die anderen Bestrafungen und Vergütungen wurden mit Bier realisiert. Je Einsatz gab es pro Person drei Maß. War die gesamte Gemeinde bestellt, erhielt sie eine Tonne Bier. Alle Wintereinsätze wurden jedoch nur mit einer Tonne insgesamt vergütet. Wer neu zum Frondienst kam oder wer mit 60 Jahren ausschied, hatte einen halben Eimer Bier zu entrichten.

Das Residenzdorf in der 1. Hälfte des 19. Jahrhunderts mit Schloss, Pfarrhaus und Kirche

Auch das Trinken ist in dem Hummelshainer Regulativ von 1800 genau reguliert. Alles Fron- und Strafbier wie auch die bei Jagden eingenommenen Trinkgelder sollten nach Dienstende im Gasthof gemeinsam vertrunken werden. Mit dem Gelage durfte erst begonnen werden, wenn mindestens zwei Drittel der Mannschaft anwesend waren. Nur in Ausnahmefällen konnte Bier nach Hause getragen werden. Bestrafte durften weder vom Fron-, noch vom Strafbier trinken.

Die Jagd- und Sommerresidenz des neu gegründeten Herzogtums Sachsen-Altenburg

Herzog Friedrich als Begründer des neuen Herzogshauses

Im Jahr 1825 starb Herzog Friedrich IV. von Sachsen-Gotha und Altenburg (1774–1825) unvermählt im Alter von 51 Jahren. Mit ihm erlosch dieses Gothaische Fürstenhaus im Mannesstamm. Daraufhin kamen die Fürsten der erbberechtigten ernestinischen Linien Sachsen-Meiningen, Sachsen-Hildburghausen und Sachsen-Coburg-Saalfeld in einer Hauskonferenz in Hildburghausen überein, das erloschene Fürstentum in gemeinsamen Besitz zu nehmen und neu zu gliedern. Nach heftigen Erbstreitigkeiten wurde durch Vermittlung des sächsischen Königs am 15. November 1826 ein Teilungsvertrag unterzeichnet. Damit wurde ein Schlussstrich unter die seit Jahrhunderten praktizierten Erbteilungen gezogen, die das wettinische Land von Generation zu Generation weiter zersplittert hatten. Das politische Bild der thüringischen Fürsten- und Herzogtümer änderte sich bis 1918 nun nicht mehr; die thüringischen Einzelstaaten blieben von weiteren territorialen Veränderungen durch Erbteilungen oder Kriege verschont.[72]

Herzog Friedrich, der Begründer des neuen Herzoghauses
Museum Leuchtenburg

Auf Grundlage dieses Vertrages trat Herzog Friedrich von Sachsen-Hildburghausen (1763–1834) sein Fürstentum an den Herzog von Sachsen-Meiningen ab und erhielt dafür Altenburg. Auf diese Weise wurde er zum Begründer des Herzogtums Sachsen-Altenburg (neue Linie). Herzog Friedrich war mit Charlotte von Mecklenburg-Strelitz (1769–1818) verheiratet, einer Schwester der Königin Luise von Preußen. Herzogin Charlotte galt als eine der schönsten und interessantesten Frauen ihrer Zeit. Sie war musikalisch überaus begabt und hatte eine ausgebildete Gesangsstimme.

Das neue Herzogtum umfasste kein geschlossenes Territorium. Es bestand aus zwei räumlich getrennten Kreisen: dem Ostkreis mit der Residenz Altenburg und dem Westkreis mit der Residenz in Eisenberg sowie der Jagd- und Sommer-

*Großes Wappen des
1826 neu gegründeten
Herzogtums,
Farbendruck
von C. Hildebrandt*

Museum Leuchtenburg

residenz Hummelshain. Seine Fläche umfasste 1.323 Quadratkilometer, gehörte also zu den kleineren Thüringer Fürstentümern. Das Herzogtum war in die drei Verwaltungsbezirke Altenburg, Schmölln und Roda und diese wiederum in Amtsbezirke untergliedert. Das Große Staatswappen war ein Schild mit 20 Feldern. Sie zeigten Wappen der Ländergebiete, die dem Herzog gehörten oder auf die Ansprüche erhoben wurden, und auch einige, die das Haus nur zum Gedächtnis führte. Die sieben Helme darüber bezeichnen Sachsen, Meißen, Thüringen, Jülich, Cleve-Mark, Berg und Engern. Die Landesfarben waren weiß und grün.

Am 23. November 1826 zog Herzog Friedrich als neuer Regent in das verwaiste Residenzschloss in Altenburg ein. Das Schloss war zuvor Nebenresidenz gewesen, wurde aber von den regierenden Fürsten nur wenig genutzt und war demzufolge in einem schlechten baulichen Zustand. Während der sich über mehrere Jahre erstreckenden Umbauphase wohnten der Herzog und seine Familie längere Zeit im Jagdschloss Hummelshain und lernten den Ort schätzen. Trotz seines fortgeschrittenen Alters nahm der Herzog der Tradition entsprechend sein Jagdrecht wahr. So erlegte er während einer Jagd im Juni 1827 neun Hirsche und einen Spießer, von September bis Oktober 1828 zwölf Hirsche und sechs Schmaltiere.[73] Friedrich war ein beliebter und geachteter Landesfürst, der jedoch politisch kaum hervortrat. Infolge seines Alters bezog er seinen Sohn, Erbprinz Joseph, bereits stark in die Regierungsgeschäfte ein.

Die "Jagdrevolution" 1830 und ihre Folgen

Schon wenige Jahre nach dem Regierungsantritt Herzog Friedrichs standen die Zeichen im neuen Herzogtum auf Sturm. Die Juli-Revolution in Frankreich 1830, welche die Zeit der Restauration in Europa beendete, löste auch hier Unruhen aus. Altenburg war zwar kein Revolutionsherd wie Sachsen, Braunschweig oder Hessen-Kassel, aber es kam zu regionalen antifeudalen Erhebungen, bei denen bürgerliche Rechte und Freiheiten eingefordert wurden. Diese als "Jagdrevolution" in die Geschichte eingegangenen Ereignisse trugen mit dazu bei, die notwendige zeitgemäße Umgestaltung Sachsen-Altenburgs durch eine Staats-

und Verfassungsreform zu beschleunigen. Im Jahr 1831 wurde eine landständische Verfassung, das Grundgesetz des Herzogtums Sachsen-Altenburg, verabschiedet.

Auch in den Dörfern des Amtes Kahla kam es 1830 zu Unruhen und Protestaktionen von Bürgern und Bauern, die unter der Losung "Wild weg, die Steuern abschaffen" nicht zuletzt gegen die bestehenden Jagd- und Forstordnungen opponierten. Ein wichtiger Anlass war, dass die in den Jagdordnungen festgeschriebene Hegung des Wildes zu hohen Wildschäden führte, die nach Ansicht der rebellierenden Bauern durch die Forstbeamten nicht angemessen abgegolten wurden. Die Proteste verfehlten ihre Wirkung nicht. Herzog Friedrich sandte seinen Sohn zu Vermittlungsgesprächen in den Raum Eisenberg, Roda und Kahla. Bereits am 18. September 1830 erhielten die Forstämter Klosterlausnitz und Hummelshain die Anweisung, das Wild "mittels Schiessgewehren" zu verscheuchen. Wenige Tage später ging ein Erlass des Herzogs an Oberforstmeister von Ziegesar in Hummelshain, den Wildbestand im Freien stark zu verringern und nur in Hummelshain einen Tierbestand in einem umzäunten Tiergarten zu unterhalten, um die alljährlichen Jagden zu sichern.

Aus Furcht, durch diese Maßnahmen könne der restliche Wildbestand beunruhigt werden und sein Gebiet verlassen, wurden in großer Eile Arbeitskräfte rekrutiert und die für den Bau des Zaunes erforderlichen Säulen, Latten, Schiebegatter und Tore im Meusebacher Revier gewonnen. Die Gemeinden kamen der Aufforderung zur unentgeltlichen Stellung von Fuhren und Handarbeitern

Der Tiergarten wurde in den folgenden Jahrzehnten zu einer vielbesuchten Sehenswürdigkeit. Postkarte um 1900

Sammlung Teichmann

bereitwillig nach; die Stadt Kahla leistete einen freiwilligen finanziellen Beitrag in Höhe von 100 Talern. Insgesamt betrugen die Kosten für den Tiergartenbau 5.905 Taler. Der Bau kostete die Herzogliche Kammer real aber nur 158 Taler, da 5.747 Taler durch den Verkauf des abgeschossenen Wildes eingebracht wurden.[74] Im Januar 1831 befand sich im Tiergarten ein Bestand von 200 Stück Rotwild.

Im Jahr 1836 wurden sechs Frischlinge aus Rudolstadt ausgesetzt.[75] Rehe blieben in geringer Stückzahl in freier Wildbahn. Der eingezäunte Tiergarten hatte eine Größe von 800 ha und erstreckte sich vom Ort Hummelshain zum Siebshaus, hinauf zu den drei Linden, über die Welkenteiche bis zur Straßenführung in Richtung Neustadt und wieder zurück nach Hummelshain. Acht Zaunwärter mussten angestellt werden, um das Entweichen des Wildes zu verhindern. Die Anlage war durch 58 Tore und Schiebegatter begehbar. In einer Polizeiordnung des Kreisamtes Kahla von 1830 wurde angemahnt, die Tore nach dem Passieren sofort wieder zu schließen, ansonsten drohe eine Geldstrafe von 12 Groschen.

Die nach Neugründung des Altenburger Herzogtums intensivierte Nutzung des Hummelshainer Schlosses beschleunigte die ohnehin dringlich gebotene Modernisierung der Verkehrswege. Ab 1828 entstand eine Chaussee von Kahla nach Hummelshain, deren Weiterführung in Richtung Neustadt/Orla 1835 fertiggestellt wurde. Weiter bestand ein Verbindungs- und Holztransportweg, der von Wolfersdorf, Trockenborn über Hummelshain nach Freienorla führte, 1841 folgte der Bau der Drehbachstraße. Chausseegeld mussten die hohen Herrschaften nicht bezahlen, aber die Handelsreisenden und Bürger hatten an zwei Einnahmestellen, die eine bei Hummelshain (ab 1842 Bau des Chausseehauses) und die andere bei Löbschütz, Wegezoll zu entrichten.

Im Jahr 1841 gab es im Ort Hummelshain 61 Häuser mit 380 Einwohnern, die neben dem Ackerbau "größtenteils vom Holzhandel, Floßscheitmachen und Holzarbeiten"[76] lebten. Verstärkt fanden Hummelshainer nun wieder als Bedienstete im Schloss, in der Hofgärtnerei, den Stallungen und anderen Einrichtungen der herzoglichen Jagd- und Sommerresidenz ihr Auskommen oder zumindest ein Zubrot. Nennenswerte Gebäude und Einrichtungen neben dem Jagdschloss waren die Kirche mit der 1835 neu erbauten Pfarrei, der Gasthof ("Goldener Hirsch"), eine Schule (heute Gaststätte "Weidmannsheil", Zum Alten Forsthaus 5), ein Brauhaus (heute An der Alten Schule 2), die herzogliche Forstmeisterei und die Försterei, die Würzbachmühle sowie die Mahl- und die Schneidemühle im Leubengrund.

Herzogliche Feste und Familienereignisse

Bis zur Regierungsübernahme durch Herzog Friedrich war das Hauptgebäude des Schlosses lange Zeit verwaist gewesen. Seine "altertümliche Einrichtung"[77] aus dem 18. Jahrhundert war in schlechtem Zustand. Die "gemahlten Tapeten" in den herrschaftlichen Räumen waren verschlissen, die mit "Leimfarbe marmo-

rierten" Fenster "sehr beschä-
digt".[78] In der Regierungszeit
von Herzog Friedrich und seinem Nachfolger wurde das
Corps de Logis nun dem veränderten Zeitgeschmack entsprechend renoviert und instand
gesetzt. Zugleich begann der
Ausbau verschiedener Nebengebäude und Anlagen.

Das einstige fürstliche Jagdzeughaus wurde zum Marstall
(heute Trockenborner Str. 4)
umgenutzt. 1829 erwarb die
herzogliche Kammer für 7.000
Taler das Schmertzingsche

*Das Herzogliche Jagd-
und Lustschloß zu
Hummelshayn, um 1830,
Lithografie von
C. C. L. Heß*

Museum Leuchtenburg

Gut[79] (heute Altes Gutshaus, Kahlaer Straße 21). Hier war die Forstmeisterei
untergebracht; in den Wirtschaftsgebäuden des Gutes befanden sich Pferde-,
Kuh- und Schweineställe. Vor der Remise, wo sich heute die Bushaltestelle
befindet, wurde ein Platz zur Wagenwäsche eingerichtet. Im Schlosspark, auf
dessen Entstehung unten näher eingegangen werden soll, entstanden der
Vorgängerbau des Teehauses sowie eine Reitbahn. So verwandelte sich das
Schlossensemble, das bis ins 18. Jahrhundert den Charakter eines Jagdhofes
bewahrt hatte, allmählich in eine bescheidene landesherrliche Jagd- und
Sommerresidenz. Das bildete die Voraussetzung dafür, dass Hummelshain wieder
zum Ort von höfischen Festen und herzoglichen Jagden werden konnte.

Im Herbst 1831 traf sich die herzogliche Familie nach alter Gewohnheit in
Hummelshain. Es war hoher Besuch angesagt: die Tochter des Herzogs, Königin
Therese von Bayern (1792–1854) in Begleitung ihres Sohnes Otto. Auch Königin
Therese zählte zu den schönsten Fürstinnen ihrer Zeit. Sie hatte auf der
Heiratsliste Napoleon Bonapartes gestanden, doch der bayerische Kronprinz
Ludwig (seit 1825 Ludwig I. König von Bayern) kam ihm zuvor und heiratete sie
am 12. Oktober 1810. Das anlässlich ihrer Hochzeit in München veranstaltete
Pferderennen wurde zum Ausgangspunkt des seither alljährlich veranstalteten
Oktoberfestes auf der nach der Königin benannten Theresienwiese. Auch in
Hummelshain sollte die hohe Dame gebührend empfangen werden.

Zu Ehren der zahlreichen hohen Gäste dichtete der damalige Pfarrer August Schmeißer einen Willkommensgruß. Auf dem Rieseneck fand ein großes Waldfest statt, bei dem an die Glanzzeiten der Jagd im 18. Jahrhundert erinnert wurde. So begrüßte vor der Jagdanlage der wiedererstandene "Wildmeister Köhler" (siehe Kapitel 2) in alter Jägertracht mit Saufeder und Hund die Gäste als ein "Geschlecht jagdlustiger Fürsten und Frauen" und endete mit den Worten

"Gott möge auch nach unserem Leben, allzeit Hirsche und Freude geben!" Ein kostümierter Jagdzug folgte. Das Fest klang im Grünen Hause aus, vor dem Jagdlieder ertönten und Landleute und Bürger dem Herzog Dank dafür sagten, dass sich nach Anlage des Tiergartens die Wildschäden vermindert hatten. In der Nacht geleiteten die Hummelshainer die Gesellschaft mit Fackeln zum Schloss zurück, dessen Hof mit bunten Laternen geschmückt war.[80]

Die dem Andenken Herzog Friedrichs geweihte Friedrichseiche am Rieseneck, Lithografie von C. C. L. Heß
Museum Leuchtenburg

Aber nicht nur fröhliche Feste wurden im Schloss gefeiert, auch traurige Anlässe vereinten die herzogliche Familie. Am 29. August 1833 verstarb in Hummelshain Prinzessin Luise, die jüngste Tochter von Prinz Joseph im Alter von nur einem Jahr. Ein Jahr später folgte Herzog Friedrich, der am 29. September 1834 im Jagdschloss Hummelshain im Kreise seiner Familie verschied.

Der Hummelshainer Schlosspark entsteht

Hinter dem Schloss befand sich der zu dieser Zeit nicht mehr genutzte Hetzgarten (siehe Kapitel 3). Bereits 1824 hatte Freiherr von Ziegesar seiner damaligen gothaischen Herrschaft vorgeschlagen, das Areal in einen Park umzugestalten. Unter Herzog Friedrich wurde der Vorschlag nun aufgegriffen. In der ersten Hälfte der dreißiger Jahre begann die Umgestaltung in einen Landschaftspark nach englischem Muster mit ausgesuchtem Baumbestand und reichem Blumenschmuck, der harmonisch in das angrenzende Waldgebiet überging. Von Ziegesar, der am 30. Oktober 1832 in Hummelshain verstorben war, erlebte dies freilich ebenso wenig wie Herzog Friedrich.

Eine Planzeichnung der Herzoglichen Gartenanlagen zu Hummelshain[81] vom Januar 1836 zeugt davon, dass die Arbeiten zügig in Angriff genommen wurden. Zu diesem Zeitpunkt war bereits die Hälfte der Fläche mit Rasenanlagen, Kieswegen und verschiedensten Anpflanzungen versehen. Hauptweg war der noch heute bestehende breite Weg vom Alten Schloss zum westlichen Parktor. Der östlich des Schlosses befindliche Teich wurde zugeschüttet. Hier legte man zunächst einen runden, von Blumenrabatten umgebenen Sitzplatz an. Heute steht hier das Teehaus. Der nördliche Teil des Parks war von Hochwald bestanden. In der Nähe des heutigen Neuen Schlosses entstand ein Aussichtspunkt. An der Ostseite war ein Garten zur Blumenanzucht, in dem man schon wenig später die ersten Gewächshäuser (Kalt- und Warmhäuser) der Hofgärtnerei errichtete. Dem Freizeitvergnügen der herzoglichen Familie und ihrer Gäste dienten eine Schießanlage und eine Kegelbahn. Weiterhin befand sich im Parkgelände eine Eisgrube, an deren Stelle später ein hölzernes Eishaus gebaut wurde.

Mitte des 19. Jahrhunderts verfügten Schloss und Schlosspark über einen Blumenschmuck, der einem Botanischen Garten wohl zur Ehre gereicht hätte. Offenbar hatte der damalige Schlossgärtner August Köhler einst eine große private Pflanzensammlung mit nach Hummelshain gebracht, die er 1850 dem Herzog übereignete. Einem aus diesem Anlass erstellten Inventar[82] ist die enorme Vielfalt der damals im Schlossgarten befindlichen Gewächse zu entnehmen. So wird erwähnt, dass im Park zahlreiche Gruppen von Petunien, Georginen, Azaleen, Pelargonien und Heliotropium gediehen, des Weiteren 100 unterschiedliche Erica-Sorten und 25 Rhododendron-Sorten. In den Warm- und Kalthäusern befanden sich 200 Gewächshauspflanzen, darunter 38 Zitrus- und 102 Orangenbäumchen, einige Ananaspflanzen und Kamelien in 72 Sorten. Besonders prachtvoll und vielgestaltig war im herzoglichen Park die Königin der Blumen vertreten. Hofgärtner Köhler verzeichnete als Bestand seines Hummelshainer Rosengartens Bourbonrosen, Teerosen, Hybridrosen, Zentifolienrosen – sage und schreibe 588 namentlich aufgeführte Sorten.

Wie jede Parkanlage war auch der Hummelshainer Schlosspark im Laufe der Zeit Veränderungen unterworfen. Dabei spielten die Wünsche des Hausherrn eine Rolle, ebenso die Vorstellungen und das Geschick des jeweiligen Hof- und Schlossgärtners. Unter Ernst I. wurde am 1. Januar 1867 Ferdinand Schlimbach (1822–1895) eingestellt.[83] In einem Gutachten schätzte der namhafte Garten-

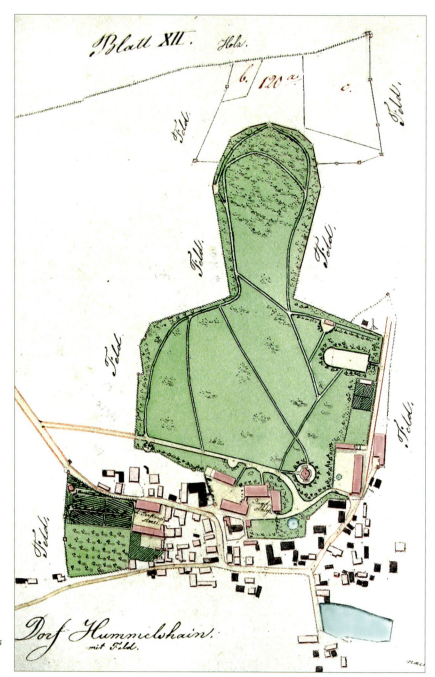

Schlosspark um 1840 mit Teehaus, Hofgärtnerei und Reitbahn im Areal des ehemaligen Hetzgartens

ThStAA, Karten- und Plansammlung Nr. 2775

architekt Eduard Petzold 1874 ein, dass die bestehende Parkanlage "in ihrer Grundidee durchdacht" war und eine den "gegebenen Verhältnissen zweckentsprechende Nutzung" erfolgte. Zu dem Hofgärtner Schlimbach bemerkt er, dass er ihm "alle Gerechtigkeit widerfahren" lassen muss, denn die Anlage sei "durchaus sauber und gut". Da aber im Laufe der Zeit viele Pflanzungen überwachsen wären und damit das Bild "vielfach überladen und unruhig" würde, sah er eine "Regeneration, landschaftliche Durchforstung und Sichtung der ganzen Anlage" für notwendig an.[84] Dies geschah einige Zeit später im Zusammenhang mit dem Bau des Neuen Schlosses (siehe Kapitel 7).

Die Brüder Joseph und Georg von Sachsen-Altenburg

Nach dem Ableben von Herzog Friedrich 1834 übernahm sein erstgeborener Sohn Joseph (1789–1868) die Regierung des Herzogtums. Er war mit Louise Amalie von Württemberg verheiratet; aus ihrer Ehe gingen vier Töchter hervor. Herzog Joseph war ein konservativer und unpopulärer Herrscher, der sich den anstehenden gesellschaftlichen Neuerungen strikt verweigerte. Er wurde als "altfürstlich" und von "eigensinnigem Naturell"[85] eingeschätzt.

Über die Aufenthalte Herzog Josephs und seiner Familie in Hummelshain gibt es wenige Hinweise. So berichtet die Ortschronik, dass er im August 1848 hier sein Hoflager aufschlug. Am 20. August feierte die herzogliche Familie mit den Einwohnern der umliegenden Dörfer als Dank für ihnen erwiesene Anerkennung und Unterstützung ein Waldfest.

Das war vermutlich der letzte Aufenthalt Herzog Josephs in Hummelshain als regierender Fürst, denn in Folge der revolutionären Ereignisse 1848/49 trat er am 28. November 1848 zugunsten seines Bruders Georg zurück. Bis zu seinem Tode im Jahre 1868 bewohnte er das zweite Jagdschloss des Herzogtums, Schloss Fröhliche Wiederkunft in Wolfersdorf. Hier konnte er seine konservativ-romantischen Vorstellungen ausleben. Der Herzog veranlasste den Um- und Ausbau der verfallenen Wasserschlossanlage. Die Finanzierung sicherte seine Tochter Alexandra (1830–1911), Großfürstin von Russland, die mit dem Bruder des russischen Zaren Alexander II., Konstantin Nikolai, verheiratet war. Die Obergeschosse wurden aus- und an beiden Seiten Flügelbauten angebaut. Über eine neue Brücke erreichte man die Toreinfahrt. Am 25. September 1858 fand die

Herzog Josef, ein konservativer und wenig populärer Herrscher, kolorierte Lithografie um 1850

Museum Leuchtenburg

feierliche Einweihung statt. Die Bauarbeiten dauerten noch bis in das Jahr 1863. Die Innenausstattung erfolgte im neugotischen Stil. Der Charakter als Jagdschloss wurde bewahrt, denn die Innen- und Außenbereiche waren mit Jagdtrophäen geschmückt. Über fast jedem Außenfenster prangte ein stattliches Hirschgeweih. Im Treppenhaus waren 25 Hirschgeweihe und 87 Rehgehörne angebracht. Die Legende weiß zu berichten, dass Herzog Joseph veranlasst hatte, dass sein Herz an seinem Lieblingsplatz oberhalb des Schlosses nach seinem Tode beerdigt werden sollte. An der Stelle befand sich zuerst ein Gedenkstein, heute ein marmornes Kreuz (Ortsausgang von Wolfersdorf in Richtung Neustadt auf der rechten Straßenseite).[86]

Im Alter von 52 Jahren übernahm also Herzog Georg (1796–1853) 1848 die Regentschaft. Er war seit 1825 mit Marie von Mecklenburg-Schwerin verheiratet, einer Enkelin des russischen Zaren Paul I. In seiner Regierungszeit erfolgte eine Reorganisation der Finanzverwaltung und der Behördenstruktur. Er wurde wegen seines sozialen Engagements (unter anderem Einrichtung von Sonntagsschulen und eines Rettungshauses sowie Gründung des Vereins zur Ausbildung junger Künstler und Handwerker) ”Georg der Gute” genannt.[87] Im Oktober 1850 feierten Herzog Georg und Herzogin Marie auf Schloss Hummelshain ihre silberne Hochzeit. Wegen gesundheitlicher Probleme übertrug der Herzog bereits 1853 seinem ältesten Sohn Ernst stellvertretend die Regierungsgeschäfte. Herzog Georg zog sich auf Schloss Hummelshain zurück, wo ihn im Juni seine Schwester Therese, Königin von Bayern, besuchte. Wie sein Vater verstarb Herzog Georg im Schloss Hummelshain (3. August 1853).

Der Aufschwung unter Herzog Ernst I.

Bereits zwei Tage später, am 5. August, trat der Sohn als Herzog Ernst I. (1826–1908) mit erst 28 Jahren die Regentschaft an. Er war mit Agnes von Anhalt-Dessau (1824–1897) verheiratet. Aus ihrer Ehe ging die Tochter Marie hervor, die später Prinz Albrecht von Preußen heiraten sollte. Erbprinz war vorerst Prinz Moritz (1829–1907), der Bruder von Ernst I. Im Charakter seinem Großvater ähnlich, führte Ernst I. ein biederes, einfaches, patriarchalisches Hofleben, war leutselig, natürlich und von stiller Lebensweise. Raschen und harten Entscheidungen ging er indes gern aus dem Wege.[88]

Schloss Hummelshain erlebte während der Regierungszeit Ernst I. einen großen Aufschwung. Denn der jagdbegeisterte Herzog kam nicht nur zur Ausübung des Weidwerks häufig nach Hummelshain, sondern verbrachte mit seinem Hof hier

Ernst I. trat mit 28 Jahren die Regentschaft an
ThStAA, Bildersammlung, Nr. 2853 a

Agnes von Anhalt-Dessau
ThStAA, Bildersammlung, Nr. 2728 b

jahrzehntelang fast jedes Jahr mehrere Monate der Sommer- und Herbstzeit. Dementsprechend wurde das Schlossensemble weiter ausgebaut. Westlich des Schlosses entstand 1856 das so genannte Kavaliershaus, um damit zusätzlichen Wohnraum für den Hofstaat und die zahlreichen Gäste der herzoglichen Familie zu schaffen. Der Bau des lange geplanten neuen Teesalons (Teehaus) im Park konnte wegen finanzieller Probleme erst 1863 realisiert werden. Im Jahr 1864 wurde die alte Residenzkirche St. Johannes restauriert, für die die Mitglieder der herzoglichen Familie immer wieder Ausstattungsgegenstände stifteten, so Herzog Joseph ein gusseisernes Altarkruzifix, Prinz Moritz einen silbernen Leuchter. Herzog Ernst I. schenkte der Kirche einen aus Eichenholz geschnitzten Ständer für das Taufbecken und ein Ölgemälde für die Herzogliche Kapelle. Eine neue Uhr mit Schlagglocke war das Geschenk der Tochter Josephs, der Königin Marie von Hannover. Im Jahr 1875 übergab Herzogin Agnes ein von ihr nach historischen Vorlagen gemaltes dreiteiliges Altarbild.[89] Am Schloss selbst ließ Herzog Ernst I. um 1870 von dem Architekten Carl Timler (1836–1905) ein Portal im neugotischen Stil, das so genannte "Jenaer Tor", einbauen. Damit wurde die Nordfassade insgesamt, vor allem aber der Zugang zum Park optisch aufgewertet.

Neben den repräsentativen Gebäuden gehörten zum Schlossensemble zahlreiche Zweckbauten. Dazu zählten das alte Küchengebäude mit Fourierwohnung im rechten Flügel und das gegenüberliegende Waschhaus (Vorgängerbau des heutigen Gebäudes Am Alten Schloss 2). Neu erbaut wurden nun die herzogliche Schmiede mit Holzlager bei der Remise (heute Trockenborner Straße 5), das Hofgärtnerhaus (heute Trockenborner Straße 6), das Kutscherhaus am Marstall (heute Trockenborner Straße 4). Im Alten Gut entstanden 1859 neue, größere Stallungen und Wirtschaftsgebäude. Der nördliche Teil des Schlossparks wurde durch den Zukauf von Grundstücken erweitert.

Von dieser Entwicklung profitierte der Ort Hummelshain nachhaltig, beispielsweise hinsichtlich seiner verkehrs- und nachrichtentechnischen Erschließung. Ab 1857 fuhr die Tagesfahrpost von Neustadt/Orla nach Apolda über Hummelshain. Im Jahr 1862 begann der Straßenausbau zwischen Hummelshain und Wolfersdorf. Nachdem bereits 1858 ein Post-Expeditions-Lokal eröffnet worden war, wurde 1867 im Ziegesar-Flügel des Schlosses eine Telegraphenstation eingerichtet. Diese war zunächst dem herzoglichen Haus vorbehalten; einige Jahre später wurde sie öffentlich nutzbar und zog 1890 als herzogliche Post- und Telegraphenstation in einen villenähnlichen Neubau (heute Kahlaer Straße 26) um.

Im Zuge des aufkommenden Fremdenverkehrs wurde die kleine Sommerresidenz des Herzogtums Sachsen-Altenburg auch von privaten Besuchern aus nah und fern entdeckt. Bereits 1858 wird Hummelshain in einem Reiseführer[90] beschrieben und in der Folgezeit immer wieder als "viel und gern besuchter Luftkurort" bezeichnet. Ein besonderer Anziehungspunkt war neben dem Park und der idyllischen Waldlandschaft der herzogliche Tiergarten. Am Siebshaus und an drei weiteren Fütterungsstellen konnten die Sommerfrischler täglich zu bestimmten Zeiten Rudel von Hirschen und Rehen sowie Wildschweinrotten beobachten. Auch eine bescheidene "Badeeinrichtung" für die Gäste entstand. Die herzogliche Kammer ließ 1873 das ehemalige Brauhaus (heute Hummelshain, An der Alten Schule 2) vergrößern und umbauen. Im Obergeschoss befanden sich einfache Gästezimmer, im einstigen Bierkeller zwei in den Boden eingelassene Badewannen aus Marmor, von denen eine noch vorhanden ist.

So brachten die ersten Jahrzehnte des neu gegründeten Herzogtums Sachsen-Altenburg für den Ort Hummelshain wie auch für das Schloss maßgebliche Wandlungen. Zuvor hatten die regierenden Herzöge ihr Domizil vorwiegend während der meist nur einige Tage dauernden Hofjagden und anderer Jagdaufenthalte bewohnt. Nun kamen zu den Jagden längere Einzelaufenthalte des

Fürsten sowie regelmäßige mehrmonatige Sommeraufenthalte hinzu. Dementsprechend änderte sich auch das Erscheinungsbild des Schlossensembles. Bis in die zweite Hälfte des 18. Jahrhunderts hatte es durch die unmittelbare Nachbarschaft des Corp de Logis mit Stallungen, Forstmeisterei und Wirtschaftsgebäuden noch den Charakter eines herrschaftlichen Jagdhofes behalten. Durch die nach 1826 einsetzende rege Bautätigkeit, die mit der Errichtung des architektonisch herausragenden Neuen Schlosses 1880–1885 ihren Höhepunkt erreichen sollte, verwandelte sich Hummelshain Schritt für Schritt in eine repräsentative Sommerresidenz.

Der Schlossneubau unter Ernst I.[91]

Sachsen-Altenburg in den "Gründerjahren"

In der Regierungszeit von Ernst I. wurde das Herzogtum zunehmend nach preu-
ßischem Vorbild regiert. Basis dafür war eine 1862 abgeschlossene Militär-
konvention mit Preußen. Das altenburgische Militärwesen wurde nach preußi-
schem Muster umgestaltet, alle altenburgischen Offiziere legten von nun an den
Eid auf den preußischen König ab. Die betont preußenfreundliche Haltung von
Herzog Ernst I. war nicht unumstritten. Sie führte im Jahr 1866 im Zusammenhang mit dem Deutsch-Österreichischen Krieg zu einem Konflikt zwischen ihm
und seinem Bruder Moritz, der zugleich Thronfolger war. Dennoch schloss sich
Sachsen-Altenburg dem Norddeutschen Bund an und stand im Deutsch-
Französischen Krieg von 1870/71 wiederum an der Seite Preußens. Ernst I. war
während des Krieges an mehreren Schlachten beteiligt. Prinz Moritz dagegen
nahm nicht an den Kriegshandlungen teil und leistete seinen Beitrag bei der
Unterstützung und Versorgung der Verletzten im Heimatland. Nach Abschluss
des Krieges war Ernst I. als thüringischer Landesfürst bei der Proklamation des
preußischen Königs zum deutschen Kaiser Wilhelm I. im Schloss zu Versailles
zugegen. Im Jahr 1871 trat das Herzogtum Sachsen-Altenburg dem Deutschen
Kaiserreich bei. Die Landstände von Altenburg wurden nach dem Gesetz vom 31.
Mai 1870 neu organisiert und setzten sich nun aus 30 Abgeordneten zusammen.
Es herrschte ein Dreiklassenwahlrecht: neun Abgeordnete wurden von der
Stadtbevölkerung gestellt, 12 von den Bewohnern des platten Landes und neun
von den Höchstbesteuerten. Wählen konnten nur männliche altenburgische
Staatsbürger, die das 25. Lebensjahr erreicht hatten und direkte Steuern an den
Staat zahlten.[92]

Die veränderten politischen und ökonomischen Verhältnisse führten nach 1871
dazu, dass auch in Sachsen-Altenburg die industrielle Entwicklung zügig voran-
schritt und der Übergang von der Agrar- zur Industriegesellschaft vollzogen
wurde. In der so genannten Gründerzeit veränderte sich das Herzogtum tiefgrei-
fend. Während im Jahr 1883 in der Landesstatistik 179 Fabrikbetriebe mit 8.411
Arbeitern aufgelistet wurden, existierten 1899 bereits 539 Betriebe mit 21.504
Arbeitern; 1895 waren 91.518 Arbeitskräfte in der Industrie und nur noch
48.947 in der Landwirtschaft tätig. Industrielle Zentren Sachsen-Altenburgs
befanden sich insbesondere im Ostkreis, so die Webereien in Gößnitz, Meusel-

witz und Ronneburg, die Steinnuss-Knopfherstellung in Schmölln, die Zucker-
fabriken von Rositz, die Braunkohletagebaue im Meuselwitzer Gebiet sowie
Betriebe der Nahrungs-, Genussmittel- und Tabakindustrie. Im Westkreis domi-
nierte die Porzellanindustrie. In der Stadt Kahla war die größte Porzellanfabrik
Thüringens mit 1.100 Arbeitern entstanden.

Charakteristisch für die Gründerzeit war eine überaus rege Bautätigkeit. Als
Baustile wurden die Neogotik, die Neorenaissance und der Neobarock bevorzugt.
In der Landeshauptstadt Altenburg und den anderen Städten des Herzogtums
schossen Neubauten in diesen Stilarten wie Pilze aus dem Boden, darunter viele
Villen neureicher Bürger. Ernst I. gehörte nicht zu denjenigen Landesfürsten,
die den kulturellen Ausbau ihrer Residenz als persönliche Aufgabe ansahen und
finanziell förderten. So kam es zum Bau eines Hoftheaters erst auf Initiative der
Landstände, und der Theaterbau wurde größtenteils aus staatlichen Mitteln
finanziert. Nach der Rückkehr aus Frankreich ließ es sich Ernst I. dennoch
nicht nehmen, am 18. April 1871 das neue Hoftheater zu eröffnen. Im Jahr 1876
folgte die Einweihung des Landesmuseums, für das die herzogliche Familie ein
Grundstück stiftete. Der Bauboom der Gründerjahre war nicht aufzuhalten.
Wenige Jahre später sollte er auch die geruhsame Hummelshainer Jagd- und
Sommerresidenz des Herzogs erreichen.

Der Brand 1872 und seine Folgen

Immer wieder kam es in Hummelshain zu Bränden, so auch im September 1871,
als eine Scheune und zwei Wohnhäuser Opfer der Flammen wurden. Am 5. Januar
1872, als die herzogliche Familie gerade in Hummelshain logierte, brach im
Ziegesar-Flügel des Schlosses ein Feuer aus. Das alte Gebäude brannte bis zur
ersten Etage ab. Die herzogliche Familie kam dabei nicht zu Schaden und fast
alle Einrichtungsgegenstände wurden gerettet. Das Hauptgebäude war zum
Glück nicht betroffen. Es konnte – wenn auch eingeschränkt – weiter genutzt
werden. Bereits ein halbes Jahr nach dem Großbrand bot das Hummelshainer
Schloss wieder den Rahmen für eine wichtige Festlichkeit der herzoglichen
Familie.

Am 24. August 1872 fand hier die Verlobungsfeier der Tochter Ernst I.,
Prinzessin Marie, mit Prinz Albrecht von Preußen, einem Neffen von Kaiser
Wilhelm I., statt. Dass die repräsentative Verlobung nicht in Altenburg erfolgte,
sondern in der eher privaten Atmosphäre des Hummelshainer Schlosses, ist ein
bedeutender Anhaltspunkt für die enge Verbundenheit von Ernst I. mit seinem

Das Alte Schloss um 1880, Parkfassade

ThStAA, Bildersammlung, Nr. 1486-3

weitab der Hauptresidenz liegenden Refugium Hummelshain. Es ist davon auszugehen, dass für diese dem Herzoghaus überaus wichtige Verlobung die Brandschäden weitgehend beseitigt worden waren. Mit Sicherheit war der Abriss des zerstörten Ziegesar-Flügels erfolgt und der Vorplatz des Schlosses neu gestaltet worden. Im Zusammenhang mit den notwendigen Abriss- und Restaurierungsmaßnahmen reifte bei Ernst I. und den verantwortlichen Beamten die Idee, das Schloss grundlegend umzugestalten und zu erweitern. Das gerade erst gegründete Berliner Architekturbüro Ihne & Stegmüller erhielt vom Altenburgischen Staatsministerium 1878 den Auftrag, einen Plan für die Umgestaltung des Schlosses im damals sehr beliebten Stil der deutschen Renaissance zu erstellen. 1878 schickte das Atelier zunächst Entwürfe für einen Innenraum, eine Grundrissdisposition sowie den Kostenvoranschlag in Höhe von 77.828 Reichsmark.

Umbaupläne für das Alte Schloss

Der Vorschlag der Architekten war, das Schloss durch einen neuen Seitenflügel zu erweitern und mit einer mächtigen Renaissance-Giebelfassade auszustatten. Ein hoher Rundturm und ein turmartiger Erker sollten das neue Erscheinungsbild unterstreichen. Für die Innengestaltung konnten die Architekten infolge des durch häufige Umbaumaßnahmen der vergangenen Jahrhunderte geprägten Grundrisses nur geringe Veränderungen vorschlagen. So empfahl man die geschicktere Verbindung des Schlossgebäudes mit dem Seitenflügel durch eine die unterschiedlichen Etagenhöhen ausgleichende Treppe. Ihne & Stegmüller legten in der Folgezeit Gestaltungsentwürfe für ein Herrenwohnzimmer, ein Herrenschlafzimmer, ein Damenzimmer und ein Damenschlafzimmer vor. Das Wohnzimmer sollte mit dunkler Tapete oder Wollstoff ausgestattet sein, die Wände mit Eichenpaneelen verkleidet, die Decke mit Holz oder Stuck gestaltet werden. Ein Kamin oder ein Kamin mit kombinierter Ofenheizung in glasiertem

Ton und dazu passenden Wandleuchtern waren weitere Teile des Entwurfes für diesen Raum.

Bereits bei der Entwurfsplanung zeigten sich aber zahlreiche Probleme. Auf Grund der baulichen Gegebenheiten (zum Beispiel der unterschiedlichen Geschosshöhen) sowie der unmittelbaren Ortsnähe würde sich das alte Gebäude nur schwer zu dem gewünschten repräsentativen und modernen Schloss umbauen lassen. Ohnehin war dies für Ernst I. und seine Beamten nur eine von mehreren Optionen. Eine andere bestand darin, im benachbarten Orlamünde unter Einbeziehung der mittelalterlichen Kemenate ein Jagdschloss zu errichten. Nach den vorhandenen Unterlagen war zu dieser Zeit aber auch schon die Errichtung eines neuen Schlosses im Gespräch. Parallel zur Entwurfsplanung der Berliner Architekten hatte nämlich bereits 1874 der namhafte Gartenkünstler Eduard Petzold vom Altenburgischen Staatsministerium den Auftrag erhalten, ein Landschaftsgutachten über Hummelshain zu erstellen. Der Auftrag schloss ein, geeignete Stellen für einen Schlossneubau auszuwählen.

Umgestaltungsvorschläge für das Alte Schloss von Ihne & Stegmüller
Wochenblatt für Architekten und Ingenieure 2/1880

Eduard Petzold (1815–1891), Schüler des berühmten Parkschöpfers Fürst Hermann von Pückler-Muskau, war in den Jahren 1844–1852 Hofgärtner beim Großherzog von Sachsen-Weimar und danach von 1852–1872 Parkdirektor der Niederlande. Petzold projektierte insgesamt 174 Parks und Gartenanlagen beispielsweise in Schlesien, den Niederlanden, in Sachsen, Westpreußen, Böhmen und Brandenburg. In Thüringen verlieh er den Parks von Schloss Ettersberg, Schloss Tiefurt, Schloss Wilhelmsthal bei Eisenach sowie dem westlichen und nördlichen Parkbereich von Schloss Altenstein ihre Gestalt.

Diese vorbildlichen Parkprojekte regten das Staatsministerium in Altenburg an, Eduard Petzold zu gewinnen, sich gutachterlich mit den landschaftlichen und räumlichen Gegebenheiten um Hummelshain auseinanderzusetzen. Er sollte Vorschläge erarbeiten, wie die herzogliche Sommerresidenz landschaftlich aufzuwerten sei. In seinem "Motivierte[n] Gutachten über die landschaftliche Verschönerung und Verbesserung der Sommerresidenz Seiner Hoheit des Herzogs von Sachsen-Altenburg zu Hummelshain und Umgebung"[93] entwarf Petzold einen ausgedehnten Landschaftspark unter Einbeziehung der herzoglichen Jagdgründe und herausragender Punkte der Umgebung wie Rieseneck, Friedrichseiche, Feste Leuchtenburg und Schloss Fröhliche Wiederkunft. Außerdem machte er zwei Vorschläge für den Standort eines Schlossneubaus im Parkareal, der eine bei einer Gruppe amerikanischer Eichen, der andere weiter nördlich in einem alten Eichen- und Buchenbestand an der so genannten Aussicht. Dabei favorisierte er klar den zweiten Standort. Dessen Vorteil sah er darin, dass sich durch die Einbeziehung des natürlichen Baumbestandes das Anlegen einer neuen Parklandschaft in unmittelbarer Nähe des Schlosses erübrigte. Weitere Vorzüge waren, dass man von hier aus das Dorf nicht sah und dass eine unmittelbare Verbindung zum Wald und zum Tiergarten bestand.

Ernst von Ihne
Bundesarchiv,
Bild 146-2007-0039

Der Bau des Neuen Schlosses und seine Akteure

Der Vorschlag von Eduard Petzold fiel offenbar auf fruchtbaren Boden. Jedenfalls ließ das herzogliche Hofbauamt das Projekt für einen groß angelegten Umbau des alten Hummelshainer Schlosses in den Akten verschwinden. Im Jahr 1879 beauftragte man das Atelier Ihne & Stegmüller mit der Planung eines Schlossneubaus in Hummelshain. Warum das herzogliche Hofbauamt diesen hochkarätigen Auftrag an Ernst Eberhard Ihne und Paul Stegmüller übertrug, ist nicht bekannt. Die Vergabe erfolgte ohne Ausschreibung.

Wer waren die jungen Berliner Architekten? Ernst Eberhard Ihne[94] (geadelt 1906) wurde am 23. Mai 1848 im rheinischen Elberfeld als Sohn des Historikers und Professors für Anglistik Wilhelm Ihne geboren. Dieser lehrte in England, wo sein Sohn eine vorzügliche Schulbildung erhielt. Ernst Eberhard Ihne bestand 1862 die "Oxford Local Examination" als "Junior Candidate". Nach dem Abitur begann er ein kurzes kunsthistorisches Studium und dann ein Studium "neuer Sprachen und Wissenschaften" an der Heidelberger Universität. Von 1865–1867 besuchte er die Bauschule der Polytechnischen Schule in Karlsruhe, anschließend die Berliner Bauakademie. Im Jahr 1870 ging er zum Abschluss seiner Studien nach Paris an die Ècole des Beaux Arts und absolvierte dort 1872

SCHLOSS HUMMELSHAIN.
Arch : Ihne & Stegmüller.

*Das geplante
Neue Schloss,
Holzstich nach
Ihne & Stegmüller
um 1880*

Stadtmuseum Jena

seine Baumeisterprüfung. 1877 schloss sich Ihne in Berlin mit dem gebürtigen Berliner Architekten Paul Stegmüller (1850–1891) zusammen. Dieser war ein Neffe des Architekten Ludwig Bohnstedt und Schwiegersohn des damals sehr bekannten Architekten Hermann Ende. Ihne & Stegmüller firmierten anfangs als "Atelier für Kunstgewerbe", einige Zeit später fügten sie als weitere Arbeitsfelder "Architektur und Dekoration" hinzu. Das Atelier gewann 1878 den ersten Preis des Deutschen Gewerbe-Museums für einen mehrfarbigen Kachelofen; 1879 folgte der erste Preis bei einer "Musterausstellung bürgerlicher Wohnräume". Bevor sie mit dem Hummelshainer Schlossneubau als Architekten hervortraten, hatten sie sich also lediglich mit kunstgewerblichen Entwürfen einen Namen gemacht.

Neben Ihne und Stegmüller spielte bei dem Bauvorhaben der Hofbaumeister Otto Brückwald[95] eine maßgebliche Rolle. Er unterschrieb 1879 als Generalunternehmer einen Vertrag mit der Herzoglichen Domänenverwaltung und war somit für das Erbringen aller Bauleistungen verantwortlich. Otto Brückwald (1841–1917), der aus Leipzig stammte, studierte nach einer Maurerlehre und dem Absolvieren der Baugewerkeschule von 1860–1863 an der Königlichen Akademie Dresden und legte 1865 die Baumeisterprüfung ab. Im Unterschied zu Ihne und Stegmüller hatte er bereits zahlreiche Referenzen vorzuweisen. Unter Herzog Ernst I. war Brückwald als Hofbaumeister für den Bau des Hoftheaters in Altenburg (1871) zuständig gewesen. Das Festspielhaus in Bayreuth wurde von ihm 1872 nach den Ideen Richard Wagners geschaffen. In der Folgezeit entwarf Brückwald zahlreiche weitere repräsentative Bauten, vorrangig in Leipzig.

Seitens des Hofbauamtes begleitete das Baugeschehen Hofbaurat Friedrich Kluge (1834–1902).[96] Er stand in ständiger Verbindung mit den Architekten, nahm ihre Entwürfe entgegen, gab Hinweise für Änderungen und den Materialeinsatz. Vor allem aber überwachte er die Einhaltung der Baukosten. Wenn Kostenvoranschläge über dem Limit lagen, kamen Änderungs- und Einsparvorschläge. Als Bauführer für die Rohbauarbeiten des Schlossneubaus wurde 1880 ein Herr Haleck eingestellt. Dieser hatte seinen Sitz in Hummelshain und durfte sich nicht ohne Genehmigung aus dem Ort entfernen. Er erstattete

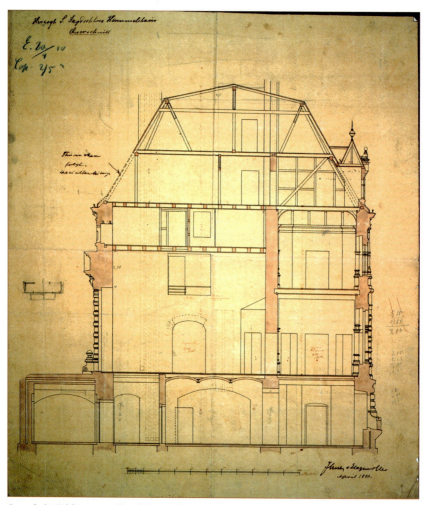

Querschnitt-Zeichnung von Ihne & Stegmüller 1880
ThStAA, Rissesammlung Sign. 85, Blatt 9

fast täglich Bericht an das Hofbauamt und machte Vorschläge, wie entstandene Bauprobleme gelöst werden können. Im Verlauf des Jahres 1880 arbeiteten beim Schlossbau etwa 100 auswärtige Maurer. Diese waren in Hummelshain untergebracht – für den kleinen Ort mit rund 500 Einwohnern gewiss eine ungewöhnliche Situation.

Wie die Architekten kamen auch viele der am Bau beteiligten Künstler, Kunsthandwerker und Firmen für die Innenausstattung aus der kaiserlichen Residenzstadt Berlin. Für den Heizungseinbau war die Firma Rietschel & Henneberg zuständig, die den Architekten bereits bei der Planung der Heizungs- und Lüftungsschächte zur Seite gestanden hatte. Als Wasserleitungsingenieur empfahlen die Architekten dem Hofbauamt David Grove, da der als einziger "im Besitze der neuesten englischen Wasch- und Closeteinrichtungen" war. Der Vertrag über den Wasserleitungsbau und den Innenausbau wurde 1881 abgeschlossen. Den Auftrag für den Bau der Turmuhr am großen Turm bekam der Uhrmacher Gebhard Meister. Die Zeichnungen der Wappen und Modelle fertigte Otto Lessing. Die schmiedeeisernen Arbeiten (wie die Firstgitter, das Haupteingangstor sowie die Fenster- und Türbeschläge) fertigte die Firma A. L. Benecke, ebenfalls aus Berlin. Wand- und Deckenmalereien führten Professor Ernst Johannes Schaller (Berlin) sowie Woldemar Friedrich, der zu dieser Zeit in Weimar tätig war, aus. Vereinzelt bekamen auch einheimische Handwerker Arbeit: So wurde 1881 der Jenaer Klempnermeister Bellach mit den Zinkarbeiten am Uhrtürmchen beauftragt. Für die aufwändigen Steinmetzarbeiten waren der Bau- und Steinmetzmeister Keferstein aus Halle, Besitzer der Seeberger Sandsteinbrüche (Gotha), und der Steinmetzmeister Rauschenbach aus Altenburg zuständig. Auch der Steinmetzmeister Carl Timler aus Jena hatte sich um den lukrativen Auftrag beworben, ihn jedoch nicht erhalten.

Geplant war eine Bauzeit von zwei Jahren ...

Die genauen Daten der einzelnen Bauabschnitte sind aus den derzeit bekannten Unterlagen leider nicht zu ermitteln. Seit Frühjahr 1879 arbeitete das Atelier Ihne & Stegmüller an den Entwürfen, bereits im Juli waren die ersten fertig. Geplant war, mit dem Ausheben der Baugrube im Herbst zu beginnen, dies geschah dann im Januar 1880.[97] Leider existiert auch über die Grundsteinlegung keine Urkunde. Die weiteren Planungen erfolgten dann parallel zur Bautätigkeit. Somit konnten Detailentwürfe – etwa für die Fassadengestaltung – noch bis zum Schluss geändert werden, vor allem wenn Hofbaurat Kluge stilistische oder

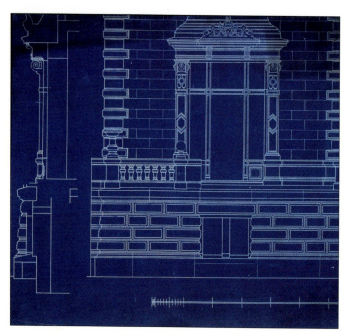

Zeichnung der Südfassade, Fenster des Empfangszimmers

ThStAA, Rissesammlung Sign. 294, Blatt 15

finanzielle Probleme geltend machte. Dadurch kam es aber immer wieder zu Verzögerungen.

Auch durch Baumängel und deshalb erforderliche Nacharbeiten geriet der Bau mehrfach ins Stocken. Ursprünglich hatte das Hofbauamt für das Gesamtvorhaben zwei Jahre veranschlagt. Das Schloss sollte also 1882 vollendet sein. Dieses ehrgeizige Ziel musste aber bald aufgegeben werden. Immerhin war zu diesem Zeitpunkt die Bauhülle fertiggestellt; das Schloss präsentierte sich bereits in seiner imposanten Gestalt. Darauf bezieht sich die Jahreszahl 1882 über dem Eingang am großen Turm. Anschließend begann der aufwändige Innenausbau. Auch dafür lieferten Ihne & Stegmüller die Entwürfe, an denen es auch aus Gründen der Kostenersparnis wiederum zu Änderungen kam. Erst 1883 legten die Architekten die Pläne für die Innenausstattung und das Mobiliar der einzelnen Zimmer vor. Insgesamt zog sich der Innenausbau noch bis zum Sommer 1885 hin. Am 20. Juni 1885 konnten Herzog Ernst I. und seine Gemahlin Agnes das Schloss endlich beziehen. Die Baukosten betrugen 1.107.446,05 Reichsmark, davon 273.709,09 Reichsmark für Innenausbau und Einrichtung.

Im Schaffen der beiden jungen Architekten stellte der Schlossneubau in Hummelshain einen Wendepunkt dar. Er erhöhte ihren Bekanntheitsgrad und ihre Reputation, was zu weiteren wichtigen Aufträgen führte. Es folgten der Neubau des berühmten Cafés Keck in Berlin, Bauentwürfe zum Umbau des Schlosses in Altenburg und des Schlosses Heinersdorf bei Berlin, ein Kriegerdenkmal in Kremmen sowie größere Privatbauten im Stil der deutschen Renaissance wie die Villa Caro (Gleiwitz), die Villa Krienitz (Halberstadt) und eine Villa für den Tuchhändler Albert Meinert in Dessau. Die Zusammenarbeit der Architekten währte bis 1886. Nach ihrer Trennung führte Ihne das Atelier weiter, während Stegmüller Inhaber einer Bau- und Möbeltischlerei in Berlin wurde.

Paul Stegmüller starb bereits am 27. Mai 1891.

Der Schlossbau in Hummelshain hatte auch am preußischen Hof Aufmerksamkeit geweckt und beförderte die weitere Karriere Ernst Ihnes maßgeblich. Er wurde 1888 Hofbaurat und Hofarchitekt von Kaiser Friedrich III., später von dessen Sohn Wilhelm II., der ihn 1906 in den erblichen Adelsstand erhob. In Berlin schuf Ernst von Ihne solch bemerkenswerte Bauten wie das Kaiser-Friedrich-Museum (1900, das heutige Bode-Museum), die Staatsbibliothek Unter den Linden (1908–1913), den Marstall am Stadtschloss, die Akademie der Künste und den Kaiser-bahnhof in Potsdam (1905–1909, heute Akademie der Deutschen Bahn AG). In seiner Anfangszeit, in der Schloss Hummelshain entstand, hatte er den Stil der deutschen Renaissance bevorzugt, den er mit englischen, italienischen und französischen Einflüssen verband. Viele seiner späteren Berliner Bauten sind vom Stil des Neobarock geprägt. Mit seinen Werken ist Ernst von Ihne als wichtiger Vertreter des Historismus in die Architekturgeschichte eingegangen.

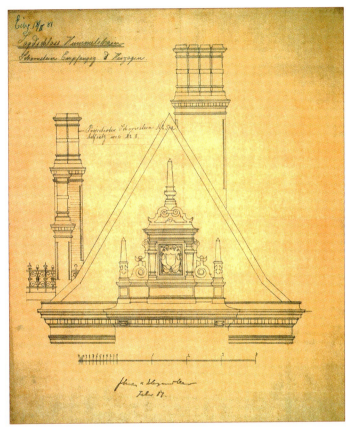

Zeichnung von Giebel und Schornsteinen über dem Empfangszimmer der Herzogin

ThStAA, Rissesammlung
Sign. 85, Blatt 10

Altes Schloss – Neues Schloss

Von Anfang an hatte das herzogliche Hofbauamt beim Bau des Neuen Schlosses auch die weitere Nutzung des Alten Schlosses und des Kavaliershauses im Auge. Das wurde schon bei den ersten Rücksprachen nach der Auftragsvergabe deutlich. Im Juli 1879 fragten Ihne & Stegmüller bei Hofbaurat Kluge an, wie viele Bewohner das Neue Schloss aufnehmen und welcher Personenkreis im Alten Schloss und im Kavaliershaus verbleiben solle. In seiner Antwort gab Kluge die

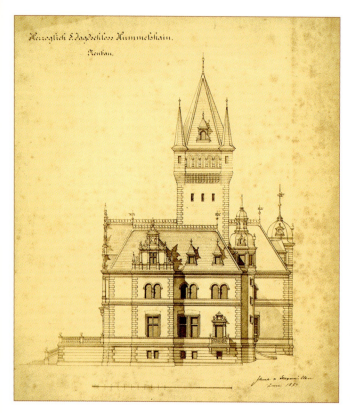

Zahl der Bewohner insgesamt mit 47–49 Personen an. Diese sollten weiterhin im Kavaliershaus und im Alten Schloss wohnen, so dass die herrschaftlichen Räume im Neubau wie auch im Alten Schloss immer für "hohe Gäste" reserviert bleiben könnten.[98]

Aber die Funktion des Alten Schlosses beschränkte sich nicht nur auf Wohnzwecke. Durch den Schlosspark wurde eine architektonisch und landschaftsgärtnerisch bewusst gesetzte Sichtachse von der Nordfassade des Alten Schlosses zur Südfassade des Neuen Schlosses und umgekehrt geschaffen. Diese Sichtachse separierte beide Jagdschlösser einerseits und gab ihnen damit ihre bauliche Identität und Würde. Andererseits rückten mit dem Blick auf die repräsentative Fassade des jeweils anderen Schlosses für den Beobachter beide Schlösser optisch und funktional zusammen. Die Sichtachse verband das zwar schlichte, doch altehrwürdige Alte Jagdschloss mit dem Neubau zu einem repräsentativen Ensemble.

Nicht zuletzt: Der Schlossneubau gründete sich auf den Ideen des 19. Jahrhunderts; mit ihm gingen Bauherr und Architekten einen großen Schritt in die Moderne. Das Alte Schloss dagegen, dessen Vorläuferbau einst die wettinischen Kurfürsten beherbergt hatte, bildete das Verbindungsglied zu den historischen Wurzeln des Hauses Sachsen-Altenburg.

Das Neue Jagdschloss – ein herausragendes architektonisches Zeugnis des Historismus in Thüringen

Ein "Fest fürs Auge"

Am selben Tag, als das Herzogspaar sein neues Schloss bezog, zeichnete Ernst I. dessen geistige Schöpfer Ernst Eberhard Ihne und Paul Stegmüller mit dem Ritterkreuz II. Klasse des Herzoglich Sachsen-Ernestinischen Hausordens aus.[99] Schon während der Bauzeit hatte der imposante Bau vermehrt Ausflügler und Sommerfrischler nach Hummelshain gelockt, nun wurde

"Das neue Lustschloß des Herzogs von Altenburg", Zeichnung von Straßberger

man auch in der Reichshauptstadt auf das neue Jagdschloss im fernen Sachsen-Altenburg aufmerksam. Das Projekt stieß bei Kronprinzessin Victoria und ihrem Sohn Wilhelm, dem späteren Kaiser Wilhelm II, auf Interesse.[100] Während Victoria und ihr Sohn – wie übrigens auch die damaligen Hummelshainer Sommergäste – von dem Bau sehr angetan waren, wurden in den zeitgenössischen Fachkreisen auch kritische Töne geäußert. So warf man Ernst Eberhard Ihne "schematische Kopie historischer Stilelemente, kühle und persönliche und konventionelle Verwertung fleißig studierter geschichtlicher Formen"[101] vor.

Nur 38 Jahre diente das Neue Schloss dem ihm zugedachten Zweck als Glanz- und Mittelpunkt der Jagd- und Sommerresidenz. Dann wurde es anderweitig genutzt, als Erholungsheim, Lazarett, Stützpunkt der Besatzungsmacht, Kinderheim und Jugendwerkhof. In diesen Jahrzehnten machte man sich über historische und architektonische Fragen verständlicherweise kaum Gedanken. Ohnehin galten im Stil des Historismus errichtete Bauten im 20. Jahrhundert lange Zeit als minderwertig; es wurde bestenfalls der soliden handwerklichen

Ausführung des Schlosses Anerkennung gezollt. Das war auch der Grund, warum das Neue Jagdschloss erst in den neunziger Jahren unter Denkmalschutz gestellt wurde. Spätestens seit dieser Zeit ist jedoch ein neues Interesse zu verzeichnen. Viele Fachleute haben seither das Schloss in Augenschein genommen, und an den Wochenenden lockt es zahlreiche Touristen an. Trotz seines schlechten Erhaltungszustandes bietet das reich geschmückte, aber nicht überladen wirkende Bauwerk noch immer ein "Fest fürs Auge", wie eine Zeitung kürzlich schrieb.

Wir wollen im Folgenden in Wort und Bild eine detaillierte Baubeschreibung des Schlosses in seinem ursprünglichen Zustand geben.[102] Mit Hilfe dieser Beschreibung kann sich der interessierte Leser mit etwas Fantasie ein Bild von der Situation im Jahr 1885 machen, sich ein Urteil über die architektonische Qualität des Schlossgebäudes bilden und einen Vergleich mit dem derzeitigen baulichen Zustand anstellen. Wenngleich der Park inzwischen sehr vernachlässigt ist, Dach und Fassade des Schlosses erhebliche Bauschäden aufweisen, die alten Wandmalereien teilweise übermalt und die ursprünglichen Einrichtungsgegenstände nicht mehr vorhanden sind, wird man bei einer heutigen Schlossbesichtigung doch vieles wieder erkennen können. (Eine Einschätzung des heutigen Bauzustandes folgt im Kapitel 11.)

1. Die äußere Gestalt

Das Schloss ist ein solitärer Baukörper ohne in unmittelbarer Nähe befindliche Funktionsgebäude. Es ist als Repräsentationsgebäude mit familiärem Ambiente gebaut worden. Der Ostflügel (Herzogin-Agnes-Flügel) schließt sich harmonisch an den Mittelbau an, der Westflügel (Herzog-Ernst-Flügel) ist größer und ragt damit an der Nordseite über den Grundkörper hinaus. An der Nordfront mit dem dominierenden Turm befindet sich der Eingangsbereich mit einer Auffahrt. Die Südfront, zum Park und in Richtung des Alten Schlosses ausgerichtet, wird durch den Mittelkörper (Festsaal) und die Terrasse mit einer ausladenden Freitreppe zum Park geprägt.

Der viergeschossige Schlossbau hat insgesamt 56 Räume. Über dem als Sockelzone ausgebildeten Kellergeschoss liegen die Festräume und die Privatgemächer des Herzogs und seiner Frau. Im Obergeschoss befinden sich weitere repräsentative Räume sowie Wohnräume für Gäste. Über dem Festsaal ist ein Zwischengeschoss mit einer geringeren Raumhöhe (Zimmer für die Bediensteten) eingezogen, weitere Bedienstetenzimmer befinden sich im Mansardengeschoss.

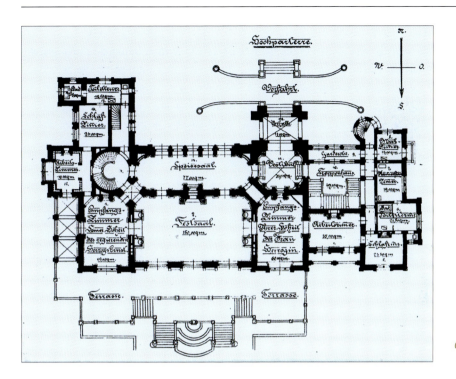

Grundriss Erdgeschoss
nach O. H. P. Silber 1897

Das Neue Schloss Hummelshain ist ein moderner und kostengünstiger Ziegelbau, der aber repräsentativ mit Seeberger Sandstein verkleidet ist und in der umlaufenden Sockelzone aus Postelwitzer Sandstein besteht. Am Turm wurden kleinere, grob behauene Sandsteinquader und an den übrigen Wänden glatte Sandsteinquader, verlegt in einem unregelmäßigen waagerechten Fugenschnitt, verwendet (Bossenmauerwerk). Durch große Sandsteinquader werden die Ecken besonders hervorgehoben. Das Material der Fassade ist unterschiedlich, aber immer gelb-grauer Sandstein, damit sich eine einheitliche farbliche Wirkung einstellt.

Dazu im Kontrast stehen die Dachflächen aus grünlichem und bläulichem Schiefer, der rhombenförmig angeordnet ist (Rautenmuster). Schmiedeeiserne Gitter, schwarz mit vergoldeten Spitzen, begrenzen die meist sehr steilen, in Größe und Höhe unterschiedlichen Dachflächen. Die Dachgauben von verschiedener Größe, Ausstattung und Verzierung wirken zierlich und verspielt und geben dem Dach eine gewisse Leichtigkeit. Zahlreiche Schornsteine, die in Dreier- oder Vierergruppen zusammengefasst sind, verstärken diesen Eindruck.

1.1. Nordfassade

Die Nordfassade ist durch das Portal und den 42 Meter hohen Turm geprägt, der vor allem wegen seiner rustikalen Sandsteinverblendung wehrhaft wirkt. Durch eine im Innern angelegte Treppe ist ein umlaufender Arkadenrundgang mit vier Ecktürmchen und Walmdach erreichbar. Die Uhr ist beidseitig von Landsknechtfiguren flankiert. Dem Turm vorgelagert ist das Eingangsportal mit Kreuzgewölbe, erreichbar über eine Auffahrt und eine Treppe. An den Ecksäulen

stehen ein Löwe und ein Bär, die Wappentiere des Hauses Sachsen-Altenburg und Anhalt-Dessau. Über dem Eingangsportal befindet sich eine Turmhalle, deren Dach von vier Säulen gestützt wird. Im vorgesetzten Giebel sind der Wahlspruch des herzoglichen Hauses *"Fideliter et Constanter"* (treu und beständig) und darunter die Zahl A.D. MDCCCLXXXII (1882, das Jahr der geplanten Fertigstellung) angebracht.

Östlich des Portals schließen sich ein niedriger Gebäudeteil, in dem sich die Räume der Herzogin Agnes befinden, und ein runder Treppenturm an. Westlich des Portals ist der Mittelflügel, in welchem sich im unteren Geschoss die beiden Speisesäle und darüber der Billardsaal befinden. Die fünf Rundbogenfenster mit dazwischen stehenden Säulen im unteren und die fünf Zwillingsfenster im oberen Geschoss verleihen dem Zwischentrakt eine arkadenartige und damit

Nordostansicht
nach O. H. P. Silber 1897

den Baukörper untergliedernde Form. Über den Fenstern befinden sich ornamentale Verzierungen, in deren Mitte abwechselnd Hirschköpfe mit echtem Geweih und Hundeköpfe angebracht sind.

An den Mitteltrakt schließt sich der Westflügel an, in dem sich im unteren Teil die Räume von Herzog Ernst I. und in der oberen Etage Räumlichkeiten für die Gäste befinden. Die Nord-West-Ecke wird durch den Badeturm gebildet. Im Kellergeschoss ist die Küche mit dem Lieferanteneingang. Eine Treppe führt von hier hinauf zu den Räumen von Ernst I.

Die Nordfassade ist als Schauseite angelegt. Sie ist so projektiert, dass sie nicht als geschlossener, mächtiger Fassadenblock wahrgenommen wird, sondern jeweils die einzelnen Abschnitte hervortreten. Das Auge des Betrachters wird durch filigrane Verzierungen auf die Details hingelenkt, erfasst dadurch immer nur einen Teilabschnitt. Bei größerem Abstand verliert sich die Feingliedrigkeit. Dann erst kommt auch der mächtige Turm zur Wirkung, der dem Schloss seine monumentale, herrschaftliche Ausstrahlung verleiht.

1.2. Südfassade

Die Südfassade, deren Mittelkörper den Festsaal beherbergt, wird von weitläufigen Terrassen und Wasserspielen beherrscht. Vor der Fassade befindet sich eine große balkonartige Terrasse mit Balustern in Höhe des Sockelgesimses, die – um die Ecke herum – zum Teil auch die Westfassade einfasst. Von hier gehen zwei breite, paarig angelegte Treppen ab, zwischen denen sich eine Brunnenanlage befindet. Über die Treppen gelangt man zur unteren Terrassierung mit gemauertem Bassin und Springbrunnen und in den Park hinein.

An der Südfassade fallen besonders die über zwei Etagen reichenden großen Fenstertüren des Festsaales ins Auge. Sie schließen mit Rundbogen ab. Über dem Festsaal liegt ein Zwischengeschoss mit einer Sonnenuhr im Unterbau und einem aufgesetzten viereckigen Türmchen. Die Risalite an der Südfassade sind breiter als die der Ost- und Westfassade. Sie flankieren den Mitteltrakt zu beiden Seiten; hier befinden sich im unteren Geschoss die Empfangszimmer von Herzog Ernst I. und Herzogin Agnes.

Im westlichen Teil der Südfassade gibt es eine Loggia mit darüber liegendem Balkon, welche über die Terrasse zu begehen ist. Im Giebel ist ein "E" sichtbar, der Verweis auf die herzoglichen Arbeits- und Wohnräume. Die Südfassade des Ostflügels, in welcher sich die Räume von Herzogin Agnes befinden, ist niedriger gebaut. Über der Loggia liegt ein Balkon mit mittig dahinter liegendem Ausgang, eingerahmt von zwei Fenstern. Der Giebel über dem Erker ist mit einem steinernen "A" geschmückt.

1.3. West- und Ostfassade

Auch die Westfassade ist als Schauseite angelegt. Sie wird durch einen weit aus der Flucht herausragenden Risalit dominiert und durch den Badeturm mit Helmdach und Wetterfahne begrenzt. Mehrere Balkone, die Loggia des Herzogs und einige Erker bestimmen den Gesamteindruck.

Im unteren Geschoss befindet sich eine Loggia in Form eines Kreuzgewölbes mit darauf liegendem Balkon. Die Felder des Gewölbes sind mit einem Mosaik aus blauen und goldfarbenen Steinen, umrandet von einer rot-weißen Kante, ausgelegt. Dieses Gewölbe vor dem Empfangszimmer war der Lieblingsplatz von Herzog Ernst I.

An der insgesamt schlichten Ostfassade fallen der herausragende Risalit mit einem Giebel und einem kleinen Balkon auf. Im Ostflügel befinden sich die Räume der Herzogin Agnes.

2. Die Innengestaltung

Der Innenausbau des Schlosses nahm den größten Teil der Bauzeit in Anspruch, er dauerte von 1882–1885. In der Kostenrechnung schlägt er mit dem größten Einzelposten zu Buche: 273.709,09 Reichsmark. Dominierendes Baumaterial sind Hölzer verschiedener Art. Daneben finden sich figürliche und ornamentale Wand- und Deckenmalereien sowie Glasmalereien. Zur baugebundenen Ausstattung gehören auch zahlreiche Kamine aus kostbaren Materialien. Der gesamte Innenausbau wie die Ausstattung der Innenräume, die Wand- und Deckenverkleidungen und das Mobiliar erfolgte nach Entwürfen des Ateliers Ihne & Stegmüller. Für künstlerische Aufgaben wie die Wandmalereien im Festsaal gab es Ausschreibungen, für andere künstlerische Arbeiten wurden geeignete Fachleute durch das Atelier vorgeschlagen.

2.1. Eingang und Ostflügel

Den Eingang in das Schloss bildet ein großes schmiedeeisernes Tor. Das Vestibül ist ein Kreuzgewölbe, das von vier Marmorsäulen getragen wird. Die Felder des Gewölbes sind mit Fantasietierfiguren, Blattwerk und Medaillons ausgemalt. Ins Auge fällt ein großer Kamin, über dem das herzogliche Wappen angebracht war. Über eine kleine Marmortreppe gelangt man nach links in das Treppenhaus des Ostflügels. Hier ist die Garderobe mit drei Rundbogenfenstern aus farbigem Glas. Die Beleuchtung des Treppenhauses erfolgt durch ein rechteckiges Oberlicht.

Eine nach rechts geschwungene Treppe führt in das Obergeschoss. Am Treppenantritt befindet sich ein geschnitzter, Wappen tragender Löwe. Das Treppenhaus ist mit Kugeln, Vasen und Lampen geschmückt. Die Südwand ziert das große Freskogemälde "Das Leben der Diana", gemalt von Ernst Johannes Schaller (1841-1887) aus Berlin, der seit 1867 Lehrer an der Schule des Kunstgewerblichen Museums und an der Technischen Hochschule in Berlin war. Er schuf seinerzeit Wandmalereien im Treppenhaus des Handelsministeriums in Berlin, in der Kapelle der Kadettenanstalt in Lichterfelde, im Verwaltungsgebäude der Hamburger Bahn in Berlin, im ehemaligen Kunstgewerbemuseum Berlin und in der Kuppel des schlesischen Museums der bildenden Künste in Breslau. Mit hoher Wahrscheinlichkeit war Schaller auch für die Malerarbeiten in Vestibül, Empfangssaal, Schlafzimmer und Bad des Herzogs sowie in den Räumen der Herzogin zuständig.

Im Ostflügel liegen im Parterre die Räume der Herzogin. Das Empfangszimmer (Spiegelzimmer) ist mit einer Wandverkleidung aus hellem Holz, teilweise mit Goldfarbe versehen, ausgestattet. Die Grundfarben sind gold und blau. Über dem Kamin aus blauem Marmor befindet sich ein die gesamte Wand einnehmender venezianischer Glasspiegel. Die freien Wandflächen sind mit Tapete verkleidet. Die Kassettendecke, aufwändig zweifarbig gestaltet und mit Arabesken aus Emaille mit Auflage von Goldbronze in den Feldern, vervollständigt die prachtvolle Atmosphäre.

Durch das Empfangszimmer gelangt man in das Arbeitszimmer der Herzogin, welchem sich nach Süden die Loggia anschließt. Der Grundton dieses Raumes ist

▲ *Treppenhaus*
nach O. H. P. Silber 1897

Empfangszimmer der Herzogin ▶
nach O. H. P. Silber 1897

Arbeitszimmer der Herzogin
nach O. H. P. Silber 1897

Malzimmer
nach O. H. P. Silber 1897

rot. Die Bilder an den Wänden hat die Herzogin selbst gemalt. Daran schließen sich das Schlafzimmer an, weiter ein Toilettenzimmer und das Zimmer der Kammerfrau. Das für die künstlerisch tätige Herzogin eingerichtete Malzimmer mit großen Fenstern nach Osten und Norden befindet sich in dem am kleinen Treppenturm gelegenen Teil des Flügels.

2.2. Speise- und Versammlungssaal, Festsaal

Vom Eingang aus nach rechts gelangt man über eine kleine Treppe in den oval angelegten Speisesaal. In den nach Norden liegenden fünf Bogenfenstern sind die Wappen der Städte des Westkreises des Herzogtums Sachsen-Altenburg dargestellt: mittig das Altenburger Wappen, zu den Seiten die von Eisenberg, Roda, Kahla und Orlamünde. Die Wandtäfelung ist aus gefirnisstem Kiefernholz. Die Deckenfelder sind mit Blattwerk und Blüten bemalt.

Durch zwei Türen gelangt man von hier in den Festsaal. Er ist mit 150 Quadratmetern der größte Raum. Der Saal ist 9,5 m breit, 16 m lang und 7,5 m hoch.

Wand- und Deckentäfelung sind größtenteils aus Eichenholz. Die zwei Doppeltüren zum Speisesaal schmücken Pilaster mit weiblichen Halbfiguren. Diese wiederum tragen einen Giebel, aus dessen Mitte ein Obelisk ragt. An der Nordwestecke des Saales liegt eine schräg angelegte Tür mit einem Aufsatz für Vasen und andere Schmuckgegenstände. Die Tür hat eine Entsprechung nach Nord-Osten, allerdings nur ein Blendwerk. Die als Rundbogentüren

Festsaal
nach O. H. P. Silber 1897

angelegten Durchgänge nach Osten und Westen des Saales, welche zu den Empfangsräumen führten, sind aus Eichenholz, sehr hoch und reich mit Blattwerk verziert. In das Feld des Rundbogens ist ein Dreiecksgiebel eingesetzt. Zu beiden Seiten ist die Türumrahmung vorgesetzt und mit Pilastern und Nischen versehen. Über diesen Türen befinden sich Orchesteremporen. Zwischen den Doppeltüren steht an der Nordwand der reich verzierte Kamin aus Marmor.

Die Nordwand wird von einem großen Wandgemälde beherrscht, zu dem es folgende Entstehungsgeschichte gibt: Auf Anraten von Ihne & Stegmüller wurde bei den Malern Ernst Ewald (1836–1904), Paul Friedrich Meyerheim (1842–1915) und Woldemar Friedrich (1846–1910) um Konkurrenzentwürfe nachgesucht. Die Künstler sollten ihre Skizzen bis Juli 1882 im Maßstab 1:10 einreichen. Als gewünschte Motive gaben das Hofbauamt Jagd, Wald- und Gartenbau, Viehzucht, Fischerei sowie überhaupt ländliche Beschäftigungen vor. Als finanzieller Rahmen war ein Betrag von 6. 000 Reichsmark vorgesehen. Der Zuschlag ging an Woldemar Friedrich, der in Weimar studiert und sich als Historienmaler einen Namen gemacht hatte. Ab 1885 war er Professor an der Kunstakademie in Berlin. Zu seinen Werken in öffentlichen Gebäuden zählen Wandmalereien im Reichsgericht in Leipzig, in der Schlossbibliothek in Berlin und im Lehrter Bahnhof.

An der Nordwand des Festsaales malte Friedrich links vom Kamin einen Jagdauszug und rechts davon einen Jagdeinzug. Auf diesem Wandgemälde sind

*Speise- und
Versammlungssaal
nach O. H. P. Silber 1897*

zeitgenössische Personen dargestellt wie Herzog Ernst I., der seine Frau Agnes an der Treppe begrüßt. Verewigt wurde auch der Hofbaumeister Friedrich Kluge (auf der Treppe). Im gestalteten Jagdeinzug, zu erkennen an dem mit der Jagdbeute beladenen Pferd, finden wir im Wagen die Schwester von Herzogin Agnes, Prinzessin Friedrich Karl von Preußen und zu Pferde Prinz Albrecht von Preußen. Die Reiterin mit dem Falken ist die Tochter des Herzogspaares, Prinzessin Albrecht von Preußen, neben ihr zu Pferde der ehemalige Staatsminister von Gerstenbergk.

Auf der Südseite sind über den Türen die Altenburgischen Residenzschlösser dargestellt: Altenburg, Eisenberg, das Alte Schloss Hummelshain und die Leuchtenburg sowie die Fröhliche Wiederkunft in Wolfersdorf. Um beide Orchesterlogen sind Motive der Fischzucht, eine Fortsetzung des Jagdauszuges (Westseite), eine Wildschweinjagd mit Hunden und Motive der Forstwirtschaft (Ostseite) zu erkennen.

Die zum Park führenden Türen sind im unteren Teil zu öffnen; die Bögen sind mit Glasmalereien und dem sächsische Wappen ausgestaltet. Zwei Kronleuchter und acht Kandelaber beleuchteten den Saal.

Die schwer wirkende, wie auf einem Gesims ruhende Kassettendecke besteht aus Eichenholz und ist mit hölzernen Rosetten geschmückt.

2.3. Westflügel

Vom runden Treppenhaus im Westflügel sind die Räume des Herzogs begehbar. Modern in der Umsetzung ist die Wendeltreppe, die, ohne Stützpfeiler in der Wand verankert ist. Beleuchtet wird das Treppenhaus durch ein Oberlicht, eingefasst mit einer bildlichen Darstellung der vier Jahreszeiten des Malers Ernst Johannes Schaller. Im Oberlicht ist – als Gegenstück zum "A" im

östlichen Treppenhaus – ein "E" als Monogramm für Ernst I. zu sehen. Das Treppenhaus ist im Grundton rot, mit grün und schwarz gemalter Musterung.

Das Empfangszimmer des Herzogs schließt sich in westlicher Richtung an den Festsaal an. Eine Fenstertür führt zur Loggia. Der Kamin ist aus schwarzem Marmor, darüber liegend ein Spiegel. Die Deckentäfelung besteht aus Eichenholz mit Rosetten und dem Monogramm "E" aus Kupfer. Die Tapete hat einen dunkelroten Grund.

Neben dem Empfangszimmer liegt das Arbeitszimmer des Herzogs. Zu erreichen ist es durch eine neben dem Kamin im Empfangszimmer befindliche Tür sowie durch das westliche Treppenhaus.

Die Nordwand des Arbeitszimmers ziert ein Kamin aus schwarzem Marmor, zu beiden Seiten von Pilastern flankiert. Die Innenseiten des Kamins werden durch ein Schachbrettmuster aus schwarzem und weißem Marmor besonders betont. In das Feld über dem Kamin ist ein Fries mit Jagdmotiven eingelassen. Durch eine weitere Tür ist die Loggia zu erreichen.

Empfangszimmer des Herzogs

Billardzimmer

Arbeitszimmer des Herzogs

nach O. H. P. Silber 1897

An das Arbeitszimmer schließt sich das Schlafzimmer des Herzogs an. Die kunstvoll verzierte Decke aus verschiedenen Holzarten gibt dem Zimmer eine gewisse Repräsentativität. Die Balkenkreuzungen sind mit Rosetten und einem Medaillon mit dem Monogramm "E" verziert. An diesen Raum schließt sich das Toilettenzimmer, durch welches das Bad (im Badeturm) zu erreichen ist.

Vor dem Schlafzimmer liegt ein kleines Treppenhaus, das das Kellergeschoss mit der unteren Etage verbindet. Über das Treppenhaus im Westflügel erreicht man das Obergeschoss mit dem Billardsaal, in der Größe vergleichbar mit dem Empfangssaal. Die Wände sind mit grünem Tuch ausgeschlagen. Hier hängt die Ahnengalerie des Herzoglichen Hauses: Kurfürst Johann Friedrich der Großmütige, Herzogin Dorothee Susanne, Friedrich Wilhelm, Herzog Johann Wilhelm, Herzog Ernst der Fromme, Kurfürstin Sybilla und Kurfürst Johann der Beständige. Die zeitgenössische Nutzung wird durch die Möblierung deutlich; dazu zählen ein Billardtisch, ein großer Spieltisch, ein Tisch mit Rauchutensilien. Es ist der Raum, wo sich der Herzog und seine Gäste nach Tisch und zur Kurzweil treffen.

An den Billardsaal schließt sich das Jägerzimmer an. Da dieses über dem Vestibül liegt, hat es einen Ausgang zur über dem Portal gelegenen Turmhalle. Das Zimmer ist mit Jagdmalerei und Trophäen geschmückt. Das Geweih eines Zwölfenders trägt die Inschrift "[d]iesen Hirsch an 12 Enden hat Se. Hoheit der Herzog Ernst I. den 8. August 1857 beim Siebshaus geschossen, wog 303 Pfund".

Grundriss Obergeschoss nach O. H. P. Silber 1897

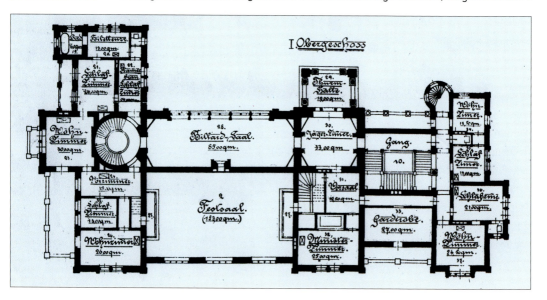

Das eines Zehnenders die Inschrift: "[d]ieses im Jahre 1857 gefundene Geweih an 10 Enden ist von dem Hirsch, den Se. Hoheit der reg. Herzog Ernst den 8. August 1857 beim Siebshause geschossen" versehen. Außerdem finden sich andere Inschriften mit Bezug zum Weidwerk, beispielsweise folgende Verse unbekannter Herkunft, die dem jagdfrohen Herzog Ernst I. gewiss "aus der Seele gesprochen" waren:

"Weidmanns Heil!
Es lebe, was auf Erden stolziert in grüner Tracht,
die Wälder und die Felder, die Jäger und die Jagd.
O Jägerei, Dir bleib ich treu,
so frank und frei, so frisch und froh!
Halli, Hallo!"

Unter dem Deckengesims des Jägerzimmers ist ein gemalter Fries mit Blattwerk und sächsischem Wappen. Auch die Felder der durch kräftige Balken sehr schwer wirkenden Decke sind bemalt. Durch eine in der Wandtäfelung angelegte Tür gelangt man durch einen Vorsaal in das kleine Ministerzimmer. Im westlichen Flügel, nach Süden und Westen gelegen, befinden sich auch die Räume für den Prinzen und die Prinzessinnen von Preußen. Nach Westen und Norden liegen die Zimmer der Prinzessin Albrecht von Preußen. Über das Schlafzimmer sind die Toiletten- und Badezimmer zu begehen.

3. Beim Schlossbau verwendete Naturwerksteine[103]

Bei der Errichtung des Neuen Schlosses wurden zur Gestaltung der Fassade und vor allem zur Ausstattung der Innenräume eine große Anzahl in- und ausländischer Natursteine verwendet. Die Auswahl entspricht in hohem Maße dem damaligen Zeitgeschmack. Für die Fassade wählten die Architekten ausschließlich gelbgraue Sandsteine, deren homogenes Erscheinungsbild gut mit den Schmuckelementen harmoniert. Sie stammen vom Großen Seeberg bei Gotha in Thüringen (*Sandstein Seeberg*), aus dem einst auch die Steine für den Bau des berühmten romanischen Palas der Wartburg gewonnen wurden, zum anderen aus dem Elbsandsteingebirge in Sachsen (*Elbsandsteine Posta, Cotta, Postelwitz*). Das Massivmauerwerk im Sockelbereich besteht aus grobkörnigem *Elbsandstein Posta*, der sehr verwitterungsbeständig ist. Das darauf gebaute rote Ziegelmauerwerk wurde mit feinkörnigem *Seeberger Sandstein* und mit feinkörnigem *Elbsandstein* verkleidet. Der *Elbsandstein* soll aus den 1907 stillgelegten Steinbrüchen bei Postelwitz stammen.

Die Bedachung bestand ursprünglich aus *Thüringer Schiefer*, und zwar aus blau-grauem Dachschiefer aus Lehesten und silbriggrauem Phycodenschiefer aus dem Schwarzatal bei Unterweißbach. Die Terrasse ist nach 1945 mit quadratischen Platten aus rotem *Granit Meißen* und hellgrauem *Granodiorit Lausitz* in einem Schachbrettmuster belegt worden. Ursprünglich befanden sich hier vermutlich Steinzeugfliesen der Firma "Manufacture de carrelages & pava ges ceramiques Utzschneider & Ed. Jaunez" in Sarreguemines (Saargemünd) in Lothringen, wie sie noch in der Loggia vorhanden sind. Die Balustraden bestehen aus grauem *Elbsandstein Cotta* grau, der leicht zu bearbeiten, aber recht verwitterungs-anfällig ist. Die Stützmauer zum Park und die Pfosten des Eingangstores beste-hen aus einem rötlichen Sandstein (*Buntsandstein*). Er kann aus der näheren Umgebung stammen, möglicherweise aus dem Saaletal. Dieses Material wurde auch im Alten Schloss und dessen Nebengebäuden verbaut.

In- und ausländische Naturwerksteine in großer Zahl wurden bei der Ausstattung der Innenräume verwendet. Säulen, Treppenstufen, Fußböden, Wandverkleidungen und Kamine aus wertvollem Steinmaterial tragen zum gedie-gen-luxuriösen Erscheinungsbild der Räume bei. Vertreten sind klassische Gesteine der damaligen Zeit wie die Kalksteine *Verona Rosso* und *Portoro Nero/Giallo* (Macchia Grande) aus Italien, die in repräsentativen Bauwerken in ganz Europa eingesetzt wurden. Für die anderen verbauten Naturwerksteine können hier nur einige Beispiele genannt werden. Als Wandverkleidung im Toilettenzimmer der Herzogin findet sich der weiße, mit dunklen Adern durch-zogene Marmor *Carrara Bianco Venato* aus Italien und der Kalkstein *Deutsch Rot*. Im Kamin des Empfangszimmers des Herzogs wurde ein pechschwarzer Kohlenkalk *Noir Belge Uni* aus Belgien verarbeitet. Im Kamin des Festsaales sind die griechische Serpentinitbrekzie *Verde Orientale* sowie der kubanische Marmor *Gris Siboney* zu sehen, der nach 1945 verlegt wurde. Der Kamin unter dem gro-ßen Venezianischen Spiegel im Empfangszimmer der Herzogin (Musikzimmer) besteht aus dem italienischen Kalkstein *Portoro Nero/Giallo* (Macchia Grande) und dem cremefarbenen, rot geaderten Kalkstein *Santo Florient*.

4. Haustechnische Einrichtungen

Während sich in den letzten Jahren erfreulicherweise einige Fachleute aus kunstgeschichtlicher Sicht mit dem Neuen Schlosses befasst und dabei manch Interessantes zu Tage gefördert haben, sind unsere Kenntnisse zur bautechni-schen Ausführung und ursprünglichen haustechnischen Ausstattung des

Gebäudes sehr lückenhaft. Als der Leipziger Architekt Dr. Ulrich Seelig 2003 das Gebäude einer gründlichen Untersuchung unterzog, fand er über der prächtigen Holztäfelung des großen Saales eine ziemlich modern anmutende, genietete stählerne Deckenkonstruktion vor. Ebenso verwunderlich scheint es, dass sich unter der kostbaren Sandsteinverblendung im Stil der Renaissance preiswertes Ziegelmauerwerk verbirgt. All das ist für ein Bauwerk der vom rasanten technisch-industriellen Fortschritt geprägten "Gründerzeit" jedoch keineswegs ungewöhnlich. Auch die haustechnische Ausstattung des Schlosses war vergleichsweise modern. (Die seit den siebziger Jahren vorhandene Anbindung der Residenz an das Telegraphennetz wurde bereits erwähnt.)

4.1. Wasserversorgung mit "Dampf-Hebewerk"

Die herrschaftlichen Räume des Schlosses waren mit den damals modernsten Sanitäreinrichtungen ausgestattet. Zu den Räumlichkeiten der Herzogin, des Herzogs und des darüber liegenden Gästezimmers gehörten je ein Bad und eine Toilette. Für den Bau der Wasserleitungsanlage im Schloss hatte der Wasserleitungsingenieur Grove 5.480 Reichsmark veranschlagt, für die notwendigen

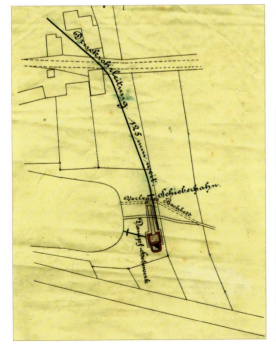

◀ *Skizze des Dampfhebewerks am Dorfteich*

In vielen Räumen finden sich noch die regulierbaren Lüftungsgitter der einstigen Zentral-Luft-Heizung

▼

Closets, Waschtische, Pissoirs, Wasserhähne usw. 5.450 Reichsmark.[104] Ein wesentlich größerer Betrag war jedoch für den Bau einer mit Dampfkraft betriebenen Anlage nötig, um Wasser zu dem auf einer Anhöhe gelegenen Schlossgebäude zu transportieren.

Zur Bauzeit des Schlosses existierte in Hummelshain noch keine zentrale Wasserversorgung. Die Bewohner des Ortes nutzten zahlreiche Brunnen, deren Wasserführung jedoch – besonders in den Sommermonaten – oft unzureichend war. Aus diesem Grund war zur Versorgung des Schlosses eine separate Anlage notwendig. Östlich des Dorfes, wo der Würzbach entspringt, wurde eine Quelle gefasst. Durch eine hölzerne Wasserleitung von ca. 250 Metern Länge, die parallel zum Würzbach verlegt wurde, floss das Wasser zu einem eigens hierfür am Dorfteich errichteten "Dampf-Hebewerk". Mit der Kraft einer Dampfmaschine wurde es durch eine 125-Millimeter-Druckrohrleitung hinauf zum Schloss gepumpt, wobei ein Höhenunterschied von etwa 50 Metern zu überwinden war. Im Schlossturm hatte man (wie auch im damals neu erbauten Hauptturm der Wartburg) einen Hochbehälter installiert. Er diente als Wasserreservoir und sorgte für den notwendigen Druck in der Wasserleitung des Schlosses.

Erst seit 1914 gibt es im Ort die aus einem Tiefbrunnen gespeiste zentrale Wasserversorgung. Damit hatte die Dampfmaschinenanlage ausgedient. Die Bauhülle des "Dampf-Hebewerks", ein unscheinbares Gebäude aus Ziegelmauerwerk, wurde anschließend als Pferdestall genutzt und existiert noch heute (östlich des Dorfteiches, Grundstück Neustädter Straße 5). Ein Abschnitt der teilweise noch im Boden liegenden hölzernen Wasserleitung wurde beim Hochwasser 2004 freigespült,[105] eines der Holzrohre wird im "Tante Irma Museum" (An der Alten Schule 1) aufbewahrt. Auch der Hochbehälter im Schlossturm ist noch vorhanden.

4.2. Die Zentral-Luft-Heizung

Fast alle Räume des Schlosses besitzen Kamine. Zumeist aus kostbaren Materialien gebaut und mit aufwändigem Zierrat versehen, stellen sie einen wichtigen Bestandteil der innenarchitektonischen Gestaltung dar. Wie die Rußflecke an manchen Kaminen zeigen, sind zumindest einige von ihnen funktionstüchtig und als Wärmequellen nutzbar. Das war freilich nicht die einzige Heizmöglichkeit. Um das Schloss auch in der kalten Jahreszeit nutzen zu können, entwarf und baute die Berliner Firma Rietschel & Henneberg eine dem damaligen Stand der Technik entsprechende, heute indes völlig ungebräuchliche Zentral-Luft-Heizung ein. In ihrem Angebot garantierte die Firma eine Temperatur von 15 °C in den Treppenhäusern und dem Vestibül und für die übrigen Räume von 20 °C.[106]

Über die mögliche Funktionsweise hat uns Dr. Gunther Aselmeyer von der Bauhaus-Universität Weimar dankenswerterweise folgende Informationen übermittelt: "Die ursprüngliche Warmluftheizung bestand zweifelsfrei aus einer in einem separaten Gebäude untergebrachten Feuerungsanlage. Von dort gelangte die über einen Wärmetauscher erwärmte Luft durch einen unterirdischen, oberflächennah verlaufenden Kanal zum Schloss. Dieser Kanal ist nach Auskunft der Schlossverwalterin Frau Dölle heute noch in Teilen erhalten. Die warme Luft zog teilweise hinter den Wandverkleidungen entlang, teilweise konnte sie gezielt an den entsprechenden Kaminen durch regulierbare Lüftungsgitter austreten (beispielsweise in den Arbeitszimmern). Nachdem die Wärme abgegeben war, verließ die Luft das Gebäude über die Abluftschornsteine aus Keramikröhren. Diese sind nur deshalb so gut erhalten, weil sie von sauberer Luft und nicht von Abgasen durchströmt wurden. Schwefelhaltiges Rauchgas hätte die Tonröhren geschädigt. So alte Tonröhrenschornsteine in einem so guten Erhaltungszustand sind jedenfalls ungewöhnlich. Ich gehe davon aus, dass es sich um eine so genannte Calorifère-Heizung handelt, wie sie seinerzeit auch in die Villa Hügel (erbaut 1873) und in das Schloss Neuschwanstein (erbaut 1869–1886) eingebaut wurde, um verschiedene Räume von einer Quelle aus sauber beheizen zu können. Da der Feuerungsraum in Hummelshain in einem separaten Gebäude untergebracht war, erscheint mir die Warmluftausbreitung über den langen Kanal bis ins Schloss recht problematisch. Die Warmluft konnte zwar von selbst vom tief gelegenen Heizraum bis ins höhere Schloss strömen, aber wie sollte sie im ausgekühlten Zustand über die Abluftkamine abziehen? Deswegen nehme ich an, dass eine kleine Dampfmaschine mittels Zentrifugalgebläse für die Luftbewegung sorgte beziehungsweise sie unterstützte. Solche Aggregate waren vor Einführung der Verbrennungsmotoren sehr verbreitet."[107]

Soweit die Darstellung von Dr. Aselmeyer. Seine Vermutung, dass die Warmluftströmung mit technischen Hilfsmitteln unterstützt wurde, wird durch den Vertrag zwischen dem Hofbauamt und der Firma Rietschel & Henneberg bestätigt. Darin ist, ohne auf technische Details einzugehen, von der "Anlage und Herstellung einer Warmluftheizung mit Ventilatoren"[108] die Rede.

4.3. Beleuchtung[109]

Die zeitgenössischen Abbildungen des Schlosses und seiner Räume zeigen ausschließlich Kerzenleuchter, zum Beispiel im Großen Saal, und verschiedenartige Petroleumleuchten für Wand- und Deckenmontage. Gasleuchten, wie sie damals schon verbreitet waren, oder gar elektrische Beleuchtungskörper waren offensichtlich nicht in Gebrauch. Dass man sich in dem technisch ansonsten modern ausgestatteten Gebäude einer konventionellen Beleuchtung bediente, ist aber verständlich. Das Licht von mit Acetylen betriebenen Gaslampen oder das grelle elektrische Bogenlicht hätten wohl kaum in das Ambiente eines rustikalen Jagdschlosses gepasst. Auch die heute noch erhaltene schmiedeeiserne Laterne an der Südwestecke scheint konventionell mit einem Petroleumeinsatz beleuchtet worden zu sein.

5. Der Schlosspark

Die von dem berühmten Gartenkünstler Eduard Petzold 1874 erarbeiteten Vorschläge zu einem weiträumigen Landschaftspark unter Einbeziehung der Jagdanlage Rieseneck, der Leuchtenburg und des Schlosses Fröhliche Wiederkunft wurden nur ansatzweise verwirklicht. So erinnert die noch heute für Hummelshain charakteristische alleenartige Gestaltung mancher Straßen und Waldwege an seine Anregung, "eine Bepflanzung der Landstraßen und Wege" nach dem Vorbild der Ettersburger Straße in Weimar vorzunehmen. Genau realisiert wurden lediglich sein Plan für den Standort des Neuen Schlosses.

Über die nach 1874 im Park vorgenommenen Veränderungen ist wenig bekannt. Schon damals war die Anlage öffentlich zugänglich. Nach der Parkordnung von 1877 war das "Betreten der Rasenplätze, Abreißen oder Beschädigen der Bäume, Sträucher und Blumen, Verunreinigen der Wege, Beschädigen der Bänke und Tische"[110] bei Strafe untersagt. Während der Bauzeit des Neuen Schlosses wurde von 1881–82 Julius Hartwig, ein ehemaliger Mitarbeiter Petzolds, mit der Umsetzung seiner Planungen betraut. Es ging dabei um die Gestaltung der Treppen und Wasseranlagen, um Veränderungen der Wegführungen, die Umgestaltung von Baumgruppen und die Schaffung von Aussichten. Dabei wich Hartwig in vielen Dingen von den Vorgaben Petzolds ab.[111] Als das Herzogspaar im Juni 1885 ihr Schloss bezog, wurde an den Anlagen noch gearbeitet. Vermutlich 1886 waren die von Julius Hartwig vorgeschlagenen Veränderungen des Parks weitgehend umgesetzt. Die im Winter 1895/96 erstellte Planzeichnung von Ernst

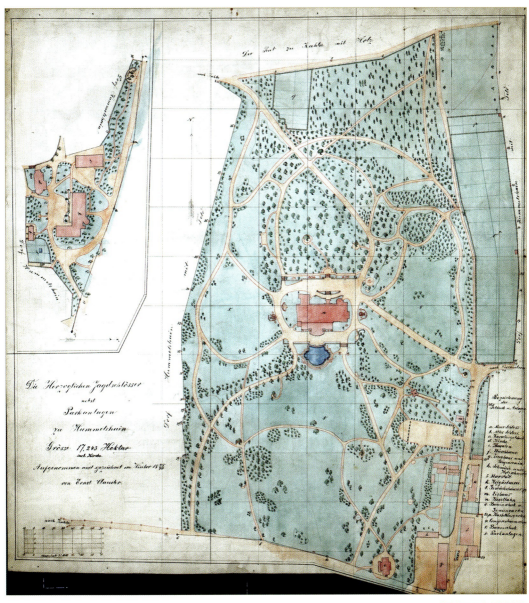

Bezeichnung der Gebäude und Anlagen

a.	Neues Schloss	g.	Zeughaus und Wagenremise	n.	Kegelbahn
b.	Altes Schloss	h.	Schmiede und Holzschuppen	o.	Baumschule und Gemüsegarten
c.	Kavaliersgebäude	i.	Marstall	p.	Kastellansgarten
d.	Kirche	k.	Hofgärtnerei	q.	Koniferenbaumschule
e.	Teesalon	l.	Gewächshäuser	r.	Baumschule
f.	Waschhaus	m.	Eishaus	s.	Parkanlagen

*Schlosspark 1895/96,
gezeichnet von
Ernst Clauder*

*ThStAA, Karten-und
Plansammlung, Nr. 4824*

Clauder gibt ein detailliertes Bild des damaligen Schlossparks und der in der Nähe befindlichen Gebäude und Anlagen der Residenz.

Letzter Residenzschloss-Neubau Europas? Eine kurze baugeschichtliche Einordnung

Das Neue Schloss wird heute zu den "herausragenden architektonischen Zeugnissen des Historismus in Thüringen"[112] gezählt. Auf Wunsch des Herzogs und des Hofbauamtes wurde es im damals sehr beliebten Stil der deutschen Renaissance errichtet, der in Fachkreisen als "der für die Bedürfnisse der modernen Zeit entsprechendste"[113] Baustil galt. Daneben griffen die Architekten auch auf andere historische Stile zurück.[114] So orientierten sie sich beim Hauptturm an gotischen Vorbildern und griffen bei den Bogenfenstern mit vorgestellten Pilastern im Obergeschoss auf romanische Fensterformen zurück. Die Fenster des Festsaales haben ihr Vorbild in der italienischen Renaissance, die Dachgauben am Badeturm sind vom Barock inspiriert. Auch vom englischen Landhaus haben sich die Architekten anregen lassen[115]. Der vereinzelte Rückgriff auf andere Stile lockert das Gesamtbild auf, ohne den dominierenden Charakter der deutschen Renaissance zu beeinträchtigen. Vom gesamten Erscheinungsbild ausgehend, kann der Bewertung Bertram Luckes zugestimmt werden: "Am Neuen Schloss in Hummelshain fasziniert die ausgeprägte, dabei nicht überzogene Prachtentfaltung, die räumliche Großzügigkeit, der Reichtum an Formen und Details, die gestalterische Fülle, die das Auge immer wieder Neues entdecken lässt, und die exzellente handwerkliche Meisterschaft der Ausführung."[116]

Vom Bautyp und der Größe her unterscheidet sich das Neue Schloss augenfällig von den mitteldeutschen Residenzschlössern früherer Epochen. Solitär in idyllischer Parklandschaft stehend, gleicht es eher einem Landschloss von privatem Charakter. Deshalb wird dieser Schlossbau des späten 19. Jahrhunderts in der Literatur mitunter den großbürgerlichen Villen der Gründerzeit – etwa der Richterschen Villa in Rudolstadt (erbaut 1888) – an die Seite gestellt.[117] Ein solcher Vergleich ist berechtigt; dabei müssen aber auch die maßgeblichen Unterschiede benannt werden. So macht der mächtige Hauptturm das Neue Schloss Hummelshain schon rein äußerlich als Herrschersitz kenntlich, und die Nutzung vieler Räume – Empfangszimmer, Ministerzimmer und andere – verweist auf seine offizielle Residenzfunktion. Vor allem aber ist das Neue Schloss – im Unterschied zu bürgerlichen Villen – Bestandteil eines historisch gewach-

senen Schlossensembles gewesen, zu dem neben Altem Schloss, Teesalon, Parkanlagen, Kirche und Kavaliershaus zahlreiche Funktionsgebäude wie Marstall,
Gutshof, Wäscherei, Hofgärtnerei, Kutscherhaus, herzogliche Schmiede,
Zeughaus und Wagenremise gehörten. Nur als Teil dieses Residenzdorfes war das
Neue Schloss als sommerlicher Wohnsitz des Herzogspaares und als Jagdschloss
funktionstüchtig und sollte deshalb auch in diesem Zusammenhang betrachtet
werden.

Allgemein wird das 1885 vollendete Neue Schloss in der Literatur als "der letzte
landesherrliche Residenz-Neubau in Thüringen" eingestuft. Über die Ansicht,
dass nach diesem Zeitpunkt im Deutschen Kaiserreich kein weiteres Residenzschloss erbaut worden sei und das Hummelshainer Schloss demzufolge auch der
letzte Residenzneubau Deutschlands sei, kann derzeit kein abschließendes
Urteil gegeben werden. Der bekannte Denkmalpflege-Experte Prof. Wulf Bennert
hat die Diskussion darüber kürzlich mit der interessanten These neu entfacht,
beim Neuen Schloss Hummelshain handele es sich sogar um "das letzte
Residenzschloss, das in Europa gebaut wurde; es markiert das Ende einer kulturellen Epoche".[118]

Die Entwicklung des Schlossensembles unter Ernst I. und seinem Nachfolger Ernst II. bis 1918

Als Zierde ganz Thüringens zu betrachten ...

Mit dem 1885 durch die herzogliche Familie bezogenen Neuen Schloss hatte auch die "Sommerfrische" Hummelshain, zu dieser Zeit ein Ort mit 399 Einwohnern in 78 Wohnhäusern, einen neuen Anziehungspunkt gewonnen. "Heute zeigt sich dem Besucher am Nordende des sich hinter dem alten Schlosse in prächtigen Anlagen erstreckenden Schlossparks ein Monumentalbau, der nach innen und außen höchste künstlerische Vollendung zeigt und als eine Zierde ganz Thüringens zu betrachten ist", vermerkt ein zeitgenössischer Reiseführer und schwärmt insbesondere vom wundervollen Ausblick, den der Turm auf die umliegenden Berge und Burgen, Städte und Dörfer bietet. "Der Ort wird sehr viel von Touristen besucht, aber auch von denen, die fern vom Toben und Treiben der Welt Ruhe und Erholung suchen, zum Aufenthalte für längere Zeit gewählt. Sehr viel zur Hebung der Sommeraufenthaltes Hummelshain trägt der Umstand bei, dass es als Sommerresidenz seiner Hoheit, des regierenden Herzogs von Sachsen-Altenburg, dient."[119]

Die Loggia vor seinem Arbeitszimmer war der Lieblingsplatz Ernst I.

nach Schrödel

Ernst I. und seiner Gemahlin Agnes bewohnten das Schloss vor allem während des Sommers von Juni bis September und dann in der Jagdzeit im November oder Dezember. In dieser Zeit war die Hofhaltung von Altenburg nach Hummelshain verlegt, wobei man auch das Schloss Fröhliche Wiederkunft in Wolfersdorf nutzte. Repräsentative Aufgaben im Westkreis wahrzunehmen, gehörte zum alljährlichen Programm. Während der Sommeraufenthalte waren oft Familienmitglieder als Gäste anwesend, sehr häufig die Tochter Marie, Gemahlin des Prinzen Albrecht von Preußen, mit ihren Kindern. Im Jahr 1893 weilte die Großfürstin Alexandra von Russland im Schloss. Auch der Neffe des Herzogspaares, der spätere Herzog Ernst II., verbrachte mehrfach die Sommerferien in Hummelshain. Er feierte hier seinen 14. Geburtstag am 31. August 1885, ebenso seinen 16. und seinen 18. Geburtstag.[120] Der herzogliche Neffe und seine Eltern wohnten im Kavaliershaus. Traditionsgemäß beging auch Herzog Ernst I. alljährlich am 16. September in Hummelshain seinen Geburtstag mit einer großen Gratulationsfeier im Festsaal des Schlosses. Dazu wurden auch dörfliche Honoratioren eingeladen, so 1892 die Pastoren Böttger aus Hummelshain und Müller aus Trockenborn.[121]

Die Kaiserjagden 1891 und 1894

Herausragende Ereignisse während der Aufenthalte in seiner Sommerresidenz waren für den jagdbegeisterten Fürsten die seit der Zeit der wettinischen Kurfürsten in den Hummelshain-Wolfersdorfer Forsten gepflegten großen Hofjagden. In Hummelshain wird noch heute die Meinung kolportiert, Ernst I. habe das Neue Schloss vor allem deshalb bauen lassen, um bei einer solchen Jagd einmal den Kaiser als Jagdgast würdig empfangen zu können. Belege dafür gibt es allerdings nicht. Die aufwändige Gestaltung der Hofjagden 1891 und 1894, bei denen Kaiser Wilhelm II. im Neuen Schloss Quartier nahm, haben diese jedoch zu Höhepunkten im letzten Lebensabschnitt des Herzogs und zu besonderen Ereignissen der Hummelshainer Jagdgeschichte gemacht.

Ernst I. und Wilhelm II. zur Jagd 1894 in Hummelshain

nach Schrödel

Auf Einladung Ernst I. hatte der junge deutsche Kaiser schon für die Hofjagd im Dezember 1889 seine Teilnahme zugesagt. Nicht nur im Hummelshainer Tiergarten, sondern auch auf dem Weg vom Kahlaer Bahnhof durch die Stadt und hinauf zum Schloss war dafür alles vorbereitet. Die Ankunft des Sonderzuges aus Berlin war für den Abend angesagt. Man hatte die Häuser mit Tannenreisig begrünt und illuminiert, zahlreiche Ehrenpforten aufstellen lassen. Im Nachbarort Schmölln ließ man die Kirchenglocken läuten und zündete Freudenfeuer an. Schulkinder mit Fackeln und Bürger aus den umliegenden Ortschaften standen zur abendlichen Begrüßung bereit, als die Depesche eintraf, dass der Kaiser erkrankt sei und der Empfang in Hummelshain ausfallen müsse.[122]

Zwei Jahre später, vom 26. bis 28. November 1891, nahm Wilhelm II. dann tatsächlich an der Hofjagd teil. Weitere fürstliche Gäste waren der Großherzog und der Erbgroßherzog aus dem benachbarten Sachsen-Weimar, der Erbprinz von Schaumburg-Lippe, die Prinzen Moritz, Albert und Ernst von Sachsen-Altenburg und zahlreiche Jagdgäste aus Militär und Politik. Der damals zwanzigjährige Prinz Ernst, der spätere Herzog Ernst II., erwies sich als besonders eifriger Weidmann.

Dem für den 27. November anberaumten "eingestellten Jagen" im Tiergarten waren umfangreiche Vorbereitungen voraus gegangen. "Soll einem hohen Besuche zu Ehren an einem Hofe eine Jagd veranstaltet werden, so kann man es unmöglich dem Zufall überlassen, ob der zu ehrende Gast auch wirklich in die Lage kommt, einen Schuß abzugeben",[123] schrieb ein zeitgenössischer Jagdexperte und betonte, dass solche Jagden vor allem "Triumphe der Jägerei" waren, also der erfahrenen herzoglichen Jäger, die das Ereignis mit "viel Arbeit und Kenntnis" vorbereiteten und abwickelten. Rechtzeitig hatte die Jägerei aus einem Waldgebiet von 23 Hektar ausreichend Rot- und Damwild beigetrieben. Nachdem die zur Nachzucht vorgesehenen Tiere ausgesondert waren, wurden die

Vor der herzoglichen Schmiede: Hummelshainer Frauen beim Reparieren von Jagdtüchern

übrigen in das so genannte "Jagen" eingestellt. Hier konnte die Jagdgesellschaft von verschiedenen Ständen aus das Wild schießen. Das Programm sah vor, dass der Kaiser zu Beginn der Jagd die zwei stärksten Rothirsche und den stärksten Damhirsch erlegen sollte. Die Strecke des als besonders schießwütig bekannten Monarchen betrug am Ende der Hofjagd 2 Zwölfender, 1 Zehnender, 2 Achtender, 1 Schaufler, 18 Keiler, 16 Bachen, 10 Überläufer, 7 Frischlinge sowie 2 Hasen und 1 Fuchs. Insgesamt wurden 27 Stück Rotwild, 47 Stück Damwild und 220 Stück Schwarzwild erlegt. Der Jagd folgte am Abend des 27. November ein Diner im Schloss, anschließend boten Altenburger Schauspieler eine Theater-aufführung. "Der Aufenthalt in dem [...] auf das gediegenste ausgestatteten Jagdschlosse Hummelshain sagte dem Kaiser nicht minder zu, wie ihn der warme Empfang seitens der Bevölkerung erfreut hatte. Als weidgerechter Jäger aber war der Herzog besonders stolz auf den von Kaiser Wilhelm sehr gerühmten Wildstand, auf die reine Rasse und schöne Form der Tiere",[124] resümiert eine 1901 erschienene Biografie Herzog Ernst I. die offizielle Bewertung des Ereignisses.

Vom 6. bis 8. Dezember 1894 nahm Wilhelm II. nochmals, in gemeinsamer Weid-mannsfreude mit Ernst I., an einer Hofjagd in Hummelshain teil. Die Freude war aber offenbar nicht ungeteilt. Die Nachbargemeinde Schmölln beschloss, dies-mal keine Glocken zu läuten, auch keine Freudenfeuer abzubrennen, sondern lediglich 15 Männer für das befohlene Spalier bereit zu stellen[125]. Zur Gewährleistung der Sicherheit des Kaisers und der anderen Staatsgäste waren schon eine Woche zuvor ein Feldwebel, 34 Unteroffiziere sowie 15 Gefreite und Gemeine im Ort einquartiert worden. Diesmal hatte die Jägerei neben dem Rotwild einen großen Bestand an Schwarzwild aufgeboten, was mit besonderen Schwierigkeiten verbunden war. Da sich Wildschweine nicht wie Rotwild einlap-pen und beitreiben lassen, mussten sie recht mühsam "gekörnt", also mit Erbsen in den "Saufang" gelockt werden. Dies war den Jägern offenbar gelungen. Die Strecke seiner Majestät des Kaisers und Königs belief sich laut Hofprotokoll auf 5 Schaufler, 2 Dam-Spießer, 6 Stück Damwild, 4 Kaninchen, 2 Füchse, 1 Dachs sowie sage und schreibe 47 Sauen; die Gesamtstrecke der Jagd wird mit 224 Stück angegeben. Jagdgäste waren neben dem Kaiser und Herzog Ernst auch Fürst Georg von Schaumburg-Lippe, der Fürst zu Stolberg-Wernigerode und wiederum Prinz Ernst von Sachsen-Altenburg. Dieser fuhr nach der Jagd mit dem Kaiser nach Berlin, um an dessen Hofjagd in Königswusterhausen teilzu-nehmen.

Der Kirchenneubau 1893–94

Der Überlieferung nach soll während der ersten Kaiserjagd der Entschluss zum Bau der neuen Kirche in Hummelshain gefasst worden sein. Damals stand noch deren Vorgängerbau, der 1706 "unter Benutzung einer romanischen Kirche"[126] errichtet worden war. Die bescheidene einschiffige Kirche St. Johannes gehörte zum herzoglichen Schloss und wurde zugleich von der Hummelshainer Gemeinde genutzt. Während des Gottesdienstes bei seinem Jagdaufenthalt 1891 soll sich Wilhelm II. gegenüber Ernst I. sehr abfällig über das alte Gotteshaus geäußert haben: "Man könne doch niemandem zumuten, in einen solchen Ziegenstall zu gehen." Daraufhin habe der Herzog den Entschluss zum Bau einer neuen Kirche gefasst.[127]

Sie wurde 1893–94 errichtet. Architekt war Carl Timler aus Jena, Baumeister der Kirchenbaurat Alfred Wankel, der wenige Jahre später in Altenburg die Herzogin-Agnes-Gedächtniskirche schuf. Die Hummelshainer Kirche ist eine neugotische Saalkirche mit eingezogenem Chorpolygon. Im Außenbereich ist sie vollständig mit Sandstein verblendet, die bauplastischen Details sind harmonisch eingefügt. Das Orgelwerk stammt aus der Vorgängerkirche, angefertigt 1794 von Christian August Gerhardt aus Lindig. Herzogin Agnes schuf für das neue Gotteshaus ein Altarbild und beteiligte sich an der künstlerischen Ausgestaltung der Orgelempore. Die große Glocke wurde vom Herzogspaar gestiftet, die mittlere von ihrer Tochter Marie und deren Gemahl, Prinz Albrecht von Preußen.[128] Das neue Gotteshaus wurde am 16. September 1894, dem Geburtstag des Herzogs, mit einem großen Kirchweihfest eingeweiht – rechtzeitig für die zweite, im Dezember bevorstehende zweite Hofjagd mit Kaiser Wilhelm.

Die letzten Lebensjahre von Herzog Ernst I.

Zu seinem Geburtstag 1896 bekam Ernst I. "von seinen Landeskindern" ein Geschenk, das im Schlosspark bald zu einem beliebten Fotomotiv wurde. "Am 16. September fand die Feier des 70. Geburtstages seiner Hoheit statt, von welch großem Tag die Hirschgruppe am Schloß späteren Geschlechtern noch Kunde bringt",[129] notierte der Pfarrer in der Kirchenchronik.

Herzogin Agnes, die in der zeitgenössischen Literatur als "ungemein feinsinnige Fürstin, die eine vorzügliche Malerin war"[130] geschildert wird, weilte in den neunziger Jahren infolge ihres angegriffenen Gesundheitszustandes auch außerhalb der üblichen Saison häufig im Hummelshainer Schloss, um sich in der gesunden Luft zu kurieren. Aus einem Brief von Prinz Moritz von 1897 geht hervor, dass eine weitere Kaiserjagd geplant war, wegen der Krankheit der Herzogin jedoch nicht durchgeführt wurde.[131] Nach längerem Krankenlager ver-

*Hirschgruppe
am Neuen Schloss
Sammlung Teichmann*

starb sie hier am 23. Oktober 1897 im Beisein ihrer Tochter. Am 30. Oktober wurde Herzogin Agnes in Altenburg beigesetzt, die Landestrauer dauerte acht und die Hoftrauer sechs Monate.

Nach dem Tod seiner Gemahlin verbrachte Herzog Ernst die Sommermonate weiterhin in Hummelshain und ging trotz gesundheitlicher Probleme wie gewohnt zur Jagd. Insbesondere ein Augenleiden machte ihm dabei zu schaffen. Prinz Moritz äußerte sich in einem Brief an seinen Sohn Ernst recht drastisch über das weidmännische Niveau dieser Jagden: "Der Onkel [Ernst I. – d. Verf.] schießt allerhand, leider auch Spießer, Gabler u. nicht jagdbare Hirsche, was mir leid thut. Es ist das reine Scheibenschießen, da Alles m. d. Futterwagen geschieht, wegen seiner Augen. Dort schießt er aber sehr gut [...]."[132]

Auch sein 50-jähriges Regierungsjubiläum am 3. August 1903 beging Ernst I. im Hummelshainer Schloss, ebenso seinen 80. Geburtstag am 16. September 1906. Im Winter 1906 nahm Ernst I.

zum letzten Mal an einer Hofjagd teil; ein Foto zeigt den greisen Fürsten inmitten einer kleinen Jagdgesellschaft sitzend, in eine wärmende Decke gehüllt. Mehr als ein Jahr später, am 7. Februar 1908, verstarb er in Altenburg und wurde in der Herzogin-Agnes-Gedächtniskirche neben seiner Frau und dem früh verstorbenen Sohn Georg beigesetzt. Kaiser Wilhelm II. würdigte Ernst I. in einer Depesche mit den Worten: "Ich und mein Haus verlieren in dem Dahingeschiedenen einen wahren, aufrichtigen Freund, seine Landeskinder einen fürsorgenden Vater, das Reich einen treuen, erprobten Fürsten, der sein langes, reichgesegnetes Leben stets in den Dienst des Vaterlandes gestellt."[133]

Der letzte regierende Herzog von Sachsen-Altenburg

Herzog Ernst I. hatte keinen direkten Thronfolger hinterlassen. Sein Bruder, Prinz Moritz (1829–1907), der sich zu Lebzeiten vor allem seinen länder- und völkerkundlichen Studien gewidmet und frühzeitig auf den Thron verzichtet hatte, war inzwischen ebenfalls verstorben. Aus diesem Grund trat nun sein Sohn, Prinz Ernst (1871–1955), die Nachfolge an.

Prinz Ernst, der schon lange als Thronfolger vorgesehen war, übernahm für den kränkelnden Herzog in dessen letzten Lebensjahren zunehmend repräsentative Verpflichtungen. Er hatte Paraden abzunehmen und häufig den Beisetzungsfeierlichkeiten gekrönter Häupter des In- und Auslandes beizuwohnen. Unmittelbar nach dem Tod des Onkels übernahm er als Ernst II. die Regierung des Herzogtums Sachsen-Altenburg. Zugleich wurde er Chef des Thüringer Infanterieregiments Nr. 153 und des Sächsischen Jägerbataillons Nr. 12 in Freiberg.

Nach dem Studium in Lausanne, Heidelberg und Jena von 1890–1893 hatte der Prinz die Kriegsschule in Kassel besucht, 1894 in Berlin das Offiziersexamen abgelegt und war in Potsdam in den Preußischen Militärdienst eingetreten, wo er bald Hauptmann und Kompaniechef wurde. 1898 vermählte er sich standesgemäß mit Adelheid, Prinzessin von Schaumburg-Lippe (1875–1971). In Pots-

Prinzessin Adelheid und Prinz Ernst zu ihrer Hochzeit 1898
Museum Leuchtenburg

dam wurden ihre vier Kinder geboren: Charlotte (1899–1996), Georg Moritz (1900–1991), Elisabeth (1903–1991) und Friedrich Ernst (1905–1985).[134] Den Rang eines Oberstleutnants erhielt Ernst II. im Jahr 1907.

Während Ernst I. vor allem als "pflichtbewusster Landesherr" in die Geschichte einging, trat sein Neffe auch in anderer Weise hervor. Zu seinen vielseitigen Neigungen zählten die modernen Naturwissenschaften, vor allem die Geografie und Astronomie. Er war mit dem Jenaer Zoologen, Philosophen und Freidenker Ernst Haeckel befreundet und gut bekannt mit den Forschungsreisenden Sven Hedin und Fritjof Nansen. Schon als junger Prinz nahm er an einer Forschungsreise in die Arktis teil. Mehrere Nordlandreisen folgten. Er war auch an der zivilen und militärischen Luftfahrt interessiert; bereits 1902 hatte er das "Führerpatent für Ballonfahrten"[135] erworben. Aktiv betrieb er die Eröffnung eines Flugplatzes in der Nähe seiner Landeshauptstadt, des heutigen Flugplatzes Altenburg-Nobitz. Unmittelbar nach Regierungsantritt legte er sich ein Automobil zu, das erste im Herzogtum. Als Landesherr war er um Volksnähe bemüht. Er besuchte auf zahllosen Reisen mit seinem Automobil die Städte und Dörfer des Herzogtums und richtete sogar Sprechstunden für die Bevölkerung[136] ein. Dass im Jahr seines Regierungsantritts die Hummelshainer Parkordnung geändert wurde, dürfte ebenfalls Ausdruck dieser Bemühungen sein. Es wurde verfügt, dass es fortan bei Abwesenheit des Herzogs und der Herzoglichen

Familie gestattet war, "die Wege im Schloßpark mit Kinderwagen zu befahren und Hunde mitzuführen, sofern sie in der Nähe ihrer Herren bleiben und keinen Schaden anrichten".[137]

Ernst II. als Jäger

"Am 2. September eröffnete Ernst die Jagdsaison in Hummelshain mit einer Hetzjagd im Tiergarten. Nach der Jagd begab er sich nach Eisenberg, wo er Persönlichkeiten wie Kirchen- und anderen Räten, Professoren, Oberförstern, Rittergutsbesitzern und Fabrikanten aus der näheren Umgebung eine Abendtafel gab. Für die zweite Hetzjagd im Hummelshainer Tiergarten unterbrach er seinen Aufenthalt in Eisenberg, ebenso wie für die dritte am 10. September. Nach dieser Jagd fuhr er dann über Jena nach München, wo er seine aus Ratiboritz in Böhmen zurückkehrende Frau traf und mit ihr nach Sigmaringen weiterfuhr, um dort am 11. September den Fürsten von Hohenzollern einen Besuch abzustatten. Von da kam er am 14. September alleine zurück. Am folgenden Tag fuhr er dann mit seinen noch in Hummelshain weilenden Kindern wieder nach Eisenberg und bestieg dort mit seiner Tochter Charlotte das Luftschiff "Sachsen" und fuhr mit diesem nach Leipzig. Am Abend kehrten sie von dort zurück."[138]

Diese Aufzählung seiner Aktivitäten in der ersten Septemberhälfte des Jahres 1913 ist für den jungen Herzog durchaus charakteristisch. Sie illustrieren den überaus "bewegten" Lebens- und Arbeitsstil Ernst II. Außerdem wird deutlich, dass er – bei allen Unterschieden zu seinem Vorgänger – eines mit ihm gemeinsam hatte: die ausgeprägte Jagdleidenschaft. Jedes seiner Regierungsjahre begann mit einer Jagd, meist nach dem traditionellen Neujahrsempfang am 2. Januar, und es endete mit einer solchen. In der Saison ab September verging kaum eine Woche ohne Jagdvergnügen, an denen gelegentlich auch Herzogin Adelheid teilnahm. So ist im Fourierbuch für den Herbst 1908 festgehalten: Mehrere Parforcejagden im September und Oktober; am 30. Oktober Jagd in Weimar; am 3. November Hubertusjagd bei Altenburg; am 10. November Forstjagd, anschließend Jagd auf Damwild in Hummelshain; am 24. November Jagd in Königshofen, danach in Eisenberg; am 5. Dezember in Korbußen; am 12. Dezember Hochwildjagd in Kammerforst; am 15. Dezember Schwarzwildjagd in Hummelshain und zum Jahresschluss am 29. Dezember im Wilchwitzer Revier.[139]

Obwohl Ernst II. seiner Leidenschaft in zahlreichen Jagdgebieten frönte, darunter auf seinen Besitzungen in der Provinz Posen, galt dem Hummelshainer Revier stets seine Aufmerksamkeit. Um einen guten Wildbestand im herzoglichen Tiergarten zu sichern, wurde während seiner Regierungszeit zur Blutauffrischung mehrfach Wild aus anderen Regionen eingeführt: 1910 Rotwild aus Russland, 1911 Schwarzwild aus der Göhrde (Niedersachsen), 1912 Schwarzwild aus Josephslust, Sorm und Sigmaringen (Schwäbische Alb).[140] Gejagt wurde aber auch außerhalb des Tiergartens, so bei den Mitte April stattfindenden Auerhahnjagden. Dazu weilte 1913 der sächsische König als Jagdgast in Hummelshain und wohnte im Schloss Fröhliche Wiederkunft.

Die Umgestaltung des Alten Schlosses 1909–13

Obwohl in- und außerhalb Deutschlands ständig auf Reisen, gehörten Sommeraufenthalte in Hummelshain auch für die Familie Ernst II. zum normalen Jahresablauf. Hier empfing sie Verwandte und Freunde und unternahm mit ihnen Ausflüge in die nähere Umgebung. Oft wurde im Siebshaus oder im Grünen Haus am Rieseneck zu Abend gespeist. Besuche galten der Leuchtenburg und den umliegenden Städten. Auch die ‚herzogliche Badeanstalt' im Würzbachgrund, ein Teich mit Badehaus, wurde genutzt. Von der Sommerresidenz aus startete das Herzogspaar zu den offiziellen ‚Bereisungen' der Orte des Westkreises. Wie sein Vorgänger beging Ernst II. in der Hummelshainer Sommerfrische gern seinen Geburtstag am 31. August. Zum alljährlichen Programm gehörte ein Empfang für Persönlichkeiten aus der Region. Überliefert ist eine festliche Frühstückstafel am 27. Mai 1911, zu der Honoratioren aus Orlamünde, Kahla und Roda eingeladen waren, unter anderen Pfarrer Sparsbrod aus Lichtenau. Im Besitz von Familie Sparsbrod befinden sich noch die Einladung und die Speisekarte.[141]

Fotos aus dieser Zeit zeigen die herzogliche Familie zumeist im Alten Schloss. Für Ernst II. war es in Hummelshain das bevorzugte Wohnquartier, in dem er sich besonders wohl fühlte. Das Neue Schloss wurde vorwiegend

Das Alte Schloss nach den Umbauten unter Ernst II. um 1915

ThStAA, Bildersammlung, Nr. 1476

bei repräsentativen Anlässen genutzt. Aus diesem Grund ließ der Herzog durch das Hofbauamt zahlreiche Umbau- und Modernisierungsmaßnahmen am Alten Schloss vornehmen[142]. Der Rundturm an der Nordostecke, bis dahin nur ein einstöckiger Stumpf, wurde auf die jetzige Höhe aufgestockt, Schloss und Kavaliershaus mit einem Gang in kunstvoller Fachwerkbauweise verbunden. Durch die neuen Holzbalkone mit Markisen an der Süd- und der Nordseite wurde der schlichte Bau ebenfalls optisch aufgewertet. Das benachbarte Küchengebäude wurde umgebaut (1909) und gegenüber ein neues, villenähnliches Gebäude als Waschhaus errichtet. Im Alten Gut entstand für die herzoglichen Automobile die noch heute vorhandene Kraftwagenhalle (1911), im Park beim Teehaus die Kegelbahn (1913). Nach dem Bau der Elektroleitung Lindig-Hummelshain durch die Flur Mondschau im Jahr 1912 erfolgte die Elektrifizierung des Alten Schlosses. Etliche Innenräume wurden grundlegend umgestaltet und den Wohnbedürfnissen der herzoglichen Familie angepasst. Dazu gehörte der Einbau von Badezimmern. Aus dieser Bauphase stammt die Täfelung aus Eichenholz im Saal der ersten Etage, dem damaligen Wohnzimmer des Herzogs.

Das Ende einer Epoche

Ende Juli 1914 von einer Nordseereise nach Hummelshain zurückgekehrt, musste Ernst II. den Sommeraufenthalt nach wenigen Tagen abbrechen. Mit dem Ausbruch des Ersten Weltkrieges am 1. August wurde er Kommandeur des 8. Thüringischen Infanterieregimentes Nr. 153, das kurz darauf an der Westfront zum Einsatz kam, zunächst in Belgien, später in Frankreich. Noch im August wurde er zum General ernannt und im Oktober zum Kommandeur einer Infanterie-Brigade. Während der Fronturlaube widmete er sich in Altenburg seinen Staatsgeschäften und der Familie, nahm aber auch zahlreiche Jagdtermine wahr. Bei den Kämpfen in Frankreich zog er sich durch eine Detonation eine lebenslange Schwerhörigkeit zu. Infolge einer schweren Ruhrerkrankung schied er 1916 vollends aus den aktiven Kampfhandlungen aus.

Nach seiner Entlassung aus dem Kriegsdienst begann er ein Bauvorhaben, das ihn schon seit längerem beschäftigt hatte. Obwohl zu dieser Zeit im Deutschen Reich Bauverbot herrschte, ließ er in der Nähe der Jagdanlage Rieseneck ein turmartiges Schlösschen bauen, dem er den Namen "Herzogstuhl" gab. Es wurde, zum Teil nach seinen eigenen Plänen, 1916-17 unter Leitung des Altenburger Geh. Baurats Hoppe[143] durch Handwerker aus den umliegenden Orten erbaut, unter anderem Maurermeister Hahn aus Kahla, Zimmermeister Laerz aus Löbschütz, Maler-

meister Sporleder und Tischlermeister Köllner, beide aus Orlamünde.[144] Als archi-
tektonisches Vorbild diente das so genannte Topplerschlösschen in Rothenburg
ob der Tauber, ein repräsentativer Wohnturm aus dem Jahr 1388. Es war ein ungewöhnlicher Bau zu ungewöhnlicher Zeit, der in der unter Kriegsnot leidenden
Bevölkerung viele Gerüchte wuchern ließ, die teilweise bis heute verbreitet sind.
Dazu bot der merkwürdige, teilweise kuriose Bauschmuck des Gebäudes mancherlei Anlass: Beispielsweise die geheimnisvollen Sprüche und Pentagramme an
der Fassade sowie ein steinerner Kopf mit Krone über der Tür, der beim Schließen
der Zugbrücke provokant die Zunge herausstreckt. Auch von einer Geheimtreppe,
die dem Herzog seine amourösen Abenteuer erleichtern sollte, wurde viel erzählt.
Eine "Nebentreppe" gibt es tatsächlich; sie ist aber nur der nach einer damaligen
baupolizeilichen Forderung eingerichtete Notausgang des Gebäudes.[145] Durch
kriegsbedingte Schwierigkeiten zog sich der Innenausbau hin und war 1918 noch
nicht vollendet. Eine längere Nutzung durch den regierenden Herzog war dem
Bauwerk somit nicht beschieden.

Das Herzogspaar verbrachte den letzten Kriegssommer mit einigen Unter-
brechungen wiederum in Hummelshain. Nachdem inzwischen 16 junge Männer
des Residenzdorfes ihr Leben für "Kaiser, Gott und Vaterland" eingebüßt hatten,
war die anfängliche Kriegsbegeisterung verflogen und man hoffte auf baldigen
Frieden. Mit Ende des Krieges zeichnete sich aber auch der Zusammenbruch der
Monarchie ab. Noch im Oktober 1918 zögerte Ernst II., ein reformiertes Wahlrecht
für das Herzogtum anzunehmen, wie es sein Staatsminister von Wussow vorgeschlagen hatte. Am 7. November 1918 brachen in Altenburg Unruhen aus. Ernst
II. versuchte, die Situation durch die Berufung dreier Sozialdemokraten in die
Regierung zu beruhigen, musste unter dem Druck der revolutionären Ereignisse
jedoch am 13. November 1918 abtreten. Nach dem Eintreffen einer Abordnung
des Arbeiter- und Soldatenrates aus Kahla wurde in Hummelshain auf dem Alten
Schloss die herzogliche Standarte eingeholt und die rote Fahne gehisst.[146]

Für die Geschichte der Schlösser war das ein tiefer Einschnitt. Die im Laufe von
mehr als fünf Jahrhunderten gewachsene landesherrliche Jagd- und Sommerresidenz löste sich binnen weniger Wochen auf. Viele der zur Residenz gehörenden Liegenschaften wurden verkauft und umgenutzt und verloren damit ihre
Identität. Für die beiden Hauptobjekte, Altes und Neues Schloss, begannen
Jahrzehnte intensiver Nutzung als soziale, medizinische und kulturelle Einrichtungen, die vielen Bürgern des Ortes Arbeit und Brot gaben.

Erholungsheim, Bauernschule, Betriebskrankenhaus – die Hummelshainer Schlösser von 1919-1945

Die Abdankung von Ernst II. und ihre Folgen

Nach seiner Abdankung beabsichtigte Ernst II., der sich nun Ernst Freiherr von Rieseneck (auch: Baron von Rieseneck) nannte, seinen Wohnsitz nach Eisenberg zu verlegen. Den Vorschlag seines Oberhofmarschalls von Breitenbuch, statt-dessen besser Schloss Hummelhain zu beziehen, lehnte er mit der Bemerkung ab, dies sei für ihn Zeit seines Lebens der "unsympathischste Aufenthalt"[147] gewesen, was sich vermutlich speziell auf das Neue Schloss bezieht. Aus diesem Grund spielte es für ihn auch in den Verhandlungen um eine mögliche Abfindung keine besondere Rolle; er wollte es lieber verkaufen. Seine Frau Adelheid trennte sich 1919 nach einundzwanzigjähriger Ehe von ihm, da sie seine Frauengeschichten "nicht länger ertragen konnte und wollte".[148] Sie zog nach Ballenstedt/Harz, wo sie bis zu ihrem Tod 1971 wohnte. Die Ehe wurde 1920 geschieden. In den folgenden Jahren hielt sich Ernst II. zunächst in Berlin auf, wo er in einer Villa in Grunewald zusammen mit der aus Waltershausen stammen-den Sängerin Maria Triebel (1893–1957) lebte.

Die Auflösung des Schlossmobiliars erfolgte 1919
ThStAA, Bildersammlung, Nr. 1477

Nach langwierigen Verhand-lungen zwischen dem Freistaat Sachsen-Altenburg und Ernst II. wurde am 14. Juni 1919 ein Vertrag über das herzogliche Vermögen ausgehandelt.[149] Das Dominalvermögen ging an das Land Thüringen über. Ernst II. erhielt dafür 4,8 Millionen Mark Barvermögen und 5,2

Millionen Mark Entschädigung für den Verzicht auf Ansprüche aus dem obigen Vertrag, außerdem verblieben ihm 2,7 Millionen Mark an Privatvermögen.[150] Er behielt die Schlösser Fröhliche Wiederkunft, den Forst Rieseneck mit dem Herzogstuhl und einige Baulichkeiten in Altenburg. Freies Wohn- und Nutzungsrecht wurde für das Prinzenpalais, das Torhaus und das Verwaltungsgebäude des Altenburger Schlosses auf Lebenszeit garantiert.

Mit der Abdankung ging der Verkauf des Schlossinventars einher. Für die Auflösung des Mobiliars der Schlösser Altenburg, Eisenberg und Hummelshain war eine Möbelkommission unter Leitung eines Herrn von der Gabelentz zuständig. Diese begann am 28. Juli ihre Arbeit in Hummelshain, wo rund 150 Gegenstände in staatlichen Besitz übergingen. Zugleich bat Herr von Breitenbuch den Herzog darum, eine Auswahl Möbel für "Eure Hoheit und den übrigen höchsten Herrschaften" aussondern zu dürfen.[151] Die Auflösung war am 30. Dezember beendet, das noch vorhandene Mobiliar übernahmen die Nachnutzer. Die verstaatlichten Schlösser unterstanden nun der Altenburger Landesanstalt für Volksbildung, der auch das Hoftheater, die Hofkapelle, das Lindenau-Museum, das Mauritianum, die Klosterkirche Klosterlausnitz, die Klosterruine Stadtroda und die Leuchtenburg zugeordnet wurden.

Bereits ab April 1919 besuchte der naturwissenschaftlich sehr interessierte Herzog Vorlesungen an der Berliner Universität in Physik, Meereskunde und Philosophie. Ab 1920 wohnte der Herzog auf seinem Schloss Fröhliche Wiederkunft in Wolfersdorf und wandte sich nun der Astronomie zu. Er richtete im Schloss eine Sternwarte ein, die mit den modernsten Geräten ausgestattet war und zu einer viel besuchten Forschungseinrichtung wurde.

Bis 1924 hatte Ernst II. sein beträchtliches Barvermögen weitgehend verbraucht. Im Umgang mit Geld und bei der Wahl seiner Vermögensverwalter hatte er offensichtlich keine glückliche Hand; die Inflation tat ein Übriges. Im selben Jahr focht er den mit dem Freistaat 1919 geschlossenen Abfindungsvertrag an. Es folgten 1925 die Klage und jahrelange Verhandlungen über die Rückgabe seines Eigentums. Ein besonders schmerzlicher Schritt beim finanziellen Abstieg Ernst II. war die Zwangsversteigerung des von ihm geliebten Forstbesitzes am Rieseneck mit Herzogstuhl, Grünem Haus und allen weiteren Baulichkeiten am 21. März 1930,[152] der die Abholzung großer Waldflächen folgte.

Im Jahr 1933 wurde der 1919 geschlossene Abfindungsvertrag wegen "Verletzung einiger Formvorschriften" für ungültig erklärt; das Land Thüringen sollte das Eigentum des Hauses Sachsen-Altenburg zurückgeben. Der weiter schwelende Streit führte 1934 zu einem Kompromiss und 1936 zu einem Nachtrag. Der Herzog erhielt eine beträchtliche Barabfindung und 3.000 Hektar Grundeigentum, größtenteils Wald, zugesprochen. An den Staat fielen das Hoftheater mit Fundus, 4.200 Hektar Wald und einige Grundstücke. Bedeutende Objekte wie Schloss Altenburg, das Schloss Fröhliche Wiederkunft, das alte Schloss Hummelshain und die Kemenate Orlamünde sowie 6.000 Hektar Grundeigentum wurden in die neue Herzog-Ernst-Stiftung eingebracht. Diese Stiftung mit einem Vermögen von 5,1 Millionen Mark hatte nunmehr das kulturelle Erbe zu verwalten.[153]

Ernst II. und seine Frau Maria Freifrau von Rieseneck 1938

Sammlung Gillmeister

Ernst II, der sich seit Juni des Jahres wieder "Ernst von Sachsen-Altenburg" nennen durfte, heiratete 1934 seine langjährige Lebensgefährtin Maria Triebel, die in Wolfersdorf später als "die Baronin" eine gewisse Volkstümlichkeit erlangte. Trotz seines sich verschlechternden Gesundheitszustandes war er noch immer ein begeisterter Jäger. Er hatte 1934 die Jagd am Rieseneck gepachtet und als Jagdaufseher den Hummelshainer Hermann Reich eingestellt. Der Herzogstuhl war zu dieser Zeit für eine Jahresmiete von 351 Mark an einen Dr. Klughardt vermietet. Im Grünen Haus wohnte Rentmeister Max Geiger, der langjährige Sekretär von Ernst II.

Im Jahr 1943 wurde nach Inkrafttreten des Gesetzes über das Erlöschen der Familienfideikommisse die Herzog-Ernst-Stiftung aufgelöst. Ernst II. behielt die Besitzrechte am Herzogstuhl und am Forst Rieseneck. Sein ältester Sohn Georg Moritz (1900–1991) bekam neben der Domäne Petersberg das Alte Schloss Hummelshain und 142 ha Wald im Forstrevier Hummelshain mit Siebshaus ("Erbprinzenwald") zugesprochen. Der zweite Sohn Friedrich Ernst (1905–1985) erhielt das Gut Hummelshain mit Wohnhaus, Hofraum und Garten sowie 162 ha Wald des Hummelshainer Reviers ("Prinz-Friedrich-Ernst-Wald"). Aus einem Sechstel des Stiftungsvermögens wurde die neue Herzog-Ernst-Kulturstiftung gebildet, zu der 660 ha Land- und Forstflächen und der Schutzforst um das Schloss Fröhliche Wiederkunft gehörten, weiterhin die bereits errichtete herzogliche Grabstätte in Trockenborn, die Kirche und die Schule in Ottendorf, die Schlossmühle und Ländereien in Wolfersdorf sowie das Torhaus im Altenburger Schloss, die Altenburger Fürstengruft und ein Häuserblock in Berlin-Grunewald. Das Gesamtvermögen der Herzog Ernst-Kulturstiftung betrug 1,6 Millionen Mark.[154]

Als Wohnsitz nutzte Ernst II. nach dem Ende des Zweiten Weltkrieges weiterhin Schloss Fröhliche Wiederkunft. Obwohl dieses 1946 im Zuge der Bodenreform enteignet worden war, wurde ihm von der zuständigen sowjetischen Kommandantur ein lebenslanges Wohnrecht gewährt. Ein Angebot von Erbprinz Georg Moritz zur Übersiedlung auf Schloss Hamborn bei Paderborn in der britischen Besatzungszone lehnte er ab.[155] Somit war er der einzige ehemalige deutsche Bundesfürst, der Bürger der DDR wurde. Ernst II. starb am 22. März 1955 und wurde in seiner Grabstätte "Krähenhütte" in Trockenborn-Wolfersdorf beigesetzt.

Das Alte Schloss – vom kulturreformerischen Bildungsprojekt zur nationalsozialistischen Bauernschule

Im Alten Schloss, das sich nach den umfangreichen Sanierungsmaßnahmen unter Ernst II. in einem sehr guten Bauzustand befand und noch das Ambiente eines Jagdschlosses besaß, wurde im Juni 1920 durch den Verband der Ortskrankenkasse des Freistaates Sachsen-Altenburg (Ortskrankenkassen Altenburg-

Das Alte Schloss als nationalsozialistische Bauernschule, um 1935
Sammlung Teichmann

Land, Altenburg-Stadt, Eisenberg, Gößnitz, Hermsdorf, Kahla, Lucka, Meusel-witz, Orlamünde, Ronneburg-Stadt und Ronneburg-Land) ein Erholungsheim eingerichtet. Die Leitung des Hauses unterstand Oberschwester Anna Kehm, zur Hand gingen Martha Schrot, eine Köchin und sieben Hausangestellte. Die Heim-bewohner wurden medizinisch durch Sanitätsrat Dr. Kutschbach versorgt.

Zugleich richtete die Volkshochschule Thüringen im Schloss eine Niederlassung ein und begann ein lebens- und kulturreformerisches Bildungsprojekt, das zu dieser Zeit einmalig in Deutschland war.[156] Die Aufgabe der Heimpädagogen bestand darin, die Freizeit der Kurgäste sinnvoll, abwechslungs- und lehrreich zu gestalten, diese lebenspraktisch zu betreuen und ihre geistige Bildung zu verbessern. Die Zahl der Heimbewohner, vorrangig aus der Metall-, Holz- Glas- und Textilindustrie, wuchs von anfangs 205 im Jahr 1920 auf 681 im Jahr 1932. Neben der geistigen Bildung nahmen die musikalische Beschäftigung und die körperliche Ertüchtigung breiten Raum ein. Im Schloss und im Park fanden Konzerte und Theateraufführungen statt. Sport und Spiel wurden ebenfalls gepflegt. Oft kam es vor, dass eine von den Kurgästen gebildete Mannschaft mit der Hummelshainer Mannschaft in sportlichen Wettstreit trat, um die Verbindung zur Dorfbevölkerung zu verbessern. Daran war sicher auch der 1926 in Hummelshain und Schmölln gegründete Turn- und Sportverein für Männer und Frauen beteiligt. Dieser trainierte auf dem 1928 unter Beteiligung von 14

Dorf, Parkanlagen und Schlösser um 1930
Sammlung Teichmann

Erwerbslosen gebauten Sport- und Spielplatz (Jahnplatz) am Kirchholz südlich des Dorfes. Im Alten Schloss arbeitete bis 1930 auch eine Gemeindeschwestern-station; ein Kindergarten war angeschlossen.

Die Machtübernahme durch die Nationalsozialisten zog zwangsläufig das Ende des Erholungsheimes und seines kulturreformerischen Bildungsprojektes nach sich. Die offizielle Begründung lautete, dass die Unterhaltung des Objekts zu kostspielig sei. Die Ortskrankenkassen kündigten im September 1935 den Miet-vertrag; als neuer Nutzer übernahm die Landesbauernschaft Thüringens das Alte Schloss. Im selben Jahr wurde eine Nationalsozialistische Landwirtschaftsschule (Bauernschule) eingerichtet, deren Einweihung im Oktober der NSDAP-Gauleiter von Thüringen, Fritz Sauckel (1894–1946), vornahm. Während der braunen Jahre wurden im Schloss Jungbauern und -bäuerinnen in moderner Landwirtschafts- und Haushaltsführung geschult und in der "Blut und Boden-Ideologie" erzogen.

Das Ende der Bauernschule in Alten Schloss vollzog sich während der letzten Tage des II. Weltkrieges mit dramatischen Ereignissen. Kurz vor dem Einmarsch der Amerikaner am 14. April 1945 hielt sich Richard Walther Darre (1895–1953), Reichsleiter der NSDAP, Reichsernährungsminister und von 1934–1942 Reichs-bauernführer, hier auf, ergriff aber noch rechtzeitig die Flucht. Ebenfalls hier untergetaucht war der SS-Brigadeführer Karl Pflomm (1886–1945), Polizei-präsident von Weimar und später von Dresden, mit seiner Familie. Im Parterre des Schlosses erschoss er an diesem Tag zunächst seine sechs Kinder, sein Kinderfräulein, seine Frau und schließlich sich selbst.[157]

Nach dem Einzug der russischen Truppen im Juni 1945 diente die ehemalige Bauernschule als Quartier und zu Unterrichtszwecken für deren Soldaten. Nach dem Abzug der Truppen entstand der Plan, im einstigen Jagdschloss ein Erholungsheim für die Universität Jena einzurichten; zu der für den Oktober 1945 geplanten Eröffnung kam es aber nicht.

Das Neue Schloss im Besitz des Vogel-Verlages Pößneck

Der Freistaat Sachsen-Altenburg hatte das Neue Schloss 1919 öffentlich zum Verkauf angeboten. Es gab mehrere Interessenten, darunter eine norddeutsche Reederei. Durch den inzwischen gebildeten Freistaat Thüringen erfolgte 1920 der Verkauf an den namhaften Pößnecker Fachzeitschriftenverlag Carl Gustav Vogel. Die kurze Zeit des Leerstandes hatte bereits Spuren hinterlassen. "Für

Schloss und Park ist es höchste Zeit, eine leitende Hand hier einziehen zu lassen. Der Park ist seit längerer Zeit vernachlässigt, da hierzu keine Mittel mehr zur Verfügung standen. Die Wege sind sehr vergrast [...]. Das Schloss ist innen sehr gut erhalten, auch ein Teil der kostbaren Möbel aus Mahagoni- und Zedernholz ist noch vorhanden [...]",[158] schrieb eine Tageszeitung. Der Vogel-Verlag erwarb neben Schloss und Park weitere Liegenschaften des Schlossensembles: das Hofgärtnerhaus, den Marstall, das Wohnhaus südlich vom Marstall (Kutscherhaus) sowie Grundstücke an der Straße nach Trockenborn. Im Kaufpreis von 1.350.000 Mark waren 250.000 Mark für Inventar enthalten. Auf die Beschwerde eines Regierungsmitgliedes des Freistaates, dass der Kaufpreis zu niedrig sei, entgegnete Baurat Alfred Wanckel in einem Antwortschreiben, dass der Preis durch eine Reihe von Mängeln des Schlosses, "z.B. dunkle Gänge und schlechte sanitäre Anlagen mit entsprechendem Gestank im Haus"[159] begründet sei. Unstimmigkeiten gab es beim damaligen Schlossverkauf auch über den Verbleib der bronzenen Hirschgruppe, ein Geschenk der altenburgischen "Landeskinder" für Herzog Ernst I. zu seinem 70. Geburtstag. Der neue Eigentümer hatte sich bereit erklärt, unter bestimmten Unständen auf das Denkmal zu verzichten. Die Stadt Kahla bot an, es im Herzog-Ernst-Hain der Stadt aufzustellen, was aber nicht in die Tat umgesetzt wurde.

Der neue Schlossbesitzer war ein zu seiner Zeit außerordentlich erfolgreicher und innovativer Unternehmer. An der Wiege des Vogel-Verlages stand das 1892 von dem Kaufmann Carl Gustav Vogel (1868–1945) gegründete "Internationale Briefmarken-Offertenblatt", 1896 folgte die Inseraten-Zeitschrift "Maschinenmarkt". Während des I. Weltkrieges entwickelte sich der Fachzeitschriften-Verlag zu einer der größten Verlagsanstalten Deutschlands. Die kaufmännische Verwaltung lag in den Händen des Sohnes des Verlagsgründers, Arthur Gustav Vogel, die technische Leitung übte der zweite Sohn Ludwig Vogel aus. In den 20er Jahren wurden monatlich 2,5 Millionen Zeitschriften gedruckt und weltweit vertrieben. Zum Produktions-spektrum gehörten zunehmend Kraftfahrzeugzeitschriften. Das Unternehmen wurde 1928 als "Musterbetrieb der deutschen Wirtschaft" ausgezeichnet, vor-bildlich auch in seinem sozialen Engagement.

Die Besitzer des Vogel-Verlages nutzten das erworbene Schloss in Hummelshain zu Wohnzwecken und als repräsentativen Auf-enthaltsort für Geschäftskunden. Außerdem traf sich das Direk-torium des Verlages hier vierzehntägig zu einem Bierabend. Einige Räume im Obergeschoss des Westflügels wurden zu modernen bürgerlichen Wohnräumen umgestaltet. Im Parkgelände entstanden Garagen; das neue Teehaus und ein Tennisplatz (späterer Sportplatz) wurden gebaut.

Geschäftspartner des Vogel-Verlags auf Schloss Hummelshain, um 1925
Sammlung Lutz

Zum sozialen Engagement der Firma gehörte ein im Hofgärtnerhaus des Hummelshainer Schlosses betriebseigenes Erholungsheim, dass jedem Werksangehörigen nach zweijähriger Firmenzugehörigkeit zur Nutzung offen stand. "Drei Betten darf jeder mit Frau und Kind belegen. Für rote Wangen sorgt die frische Luft und für den Magen eine besonders gute Küche. Zehn Tage kann jeder hier verbringen, ohne Kosten zu haben. Die Inhaber des Verlages erschei-nen hier regelmäßig selber, um sich nach dem Wohlergehen ihrer Mitarbeiter zu erkundigen",[160] wie es in einer zeitgenössischen Schrift über den Pößnecker Musterbetrieb heißt.

Es war auch ein Vertreter des Vogel-Verlages, der im Jahr 1929 Ernst II. an-gesichts dessen prekärer Finanzlage den Vorschlag unterbreitete, über sein Leben ein Buch zu verfassen. Der Verlag schlug gleich den passenden Titel vor: "Vom Thron auf den Hund". Ernst II. schrieb daraufhin seine Erinnerungen von der Geburt bis zu seiner ersten Vermählung nieder; zu einer Veröffentlichung kam es jedoch nicht.

Wie schon zu herzoglichen Zeiten war der Schlosspark während der Vogel-Ära öffentlich zugänglich. Allerdings wurde er 1930 zeitweilig gesperrt, da der

Besitzer die für die Instandhaltung nötigen Gelder nicht allein aufbringen konnte oder wollte. Daraufhin erklärten sich die Gemeinde Hummelshain und der Verband der Ortskrankenkassen bereit, sich an den Kosten der Parkpflege zu beteiligen – ein Zeichen dafür, dass Schloss und Parkareal auch in dieser Zeit ein wichtiger öffentlicher Anziehungspunkt waren.

Betriebskrankenhaus der REIMAHG 1944/45

Lageplan des Reimahg-Krankenhauses im Schlossareal
nach Lange

Lageplan des Geländes vom ehemaligen „REIMAHG" Krankenhauses

1 = Schloßgebäude
2 = Baracke Nr. 4
3 = Küchenbaracke
4 = Leichenhaus
5 = Baracke Nr. 5
6 = Baracke Nr. 3
7 = Baracke Nr. 2
8 = Baracke Nr. 1
11 = Baracke Reilbahn
12 = Wache

Ein Jahr vor dem Ende des II. Weltkrieges begann ein neues, düsteres Kapital der Schlossgeschichte. Im März 1944 wurde im Walpersberg zwischen Kahla und Großeutersdorf mit dem Bau eines unterirdischen Rüstungswerkes zur Serienproduktion des Jagdflugzeuges Messerschmitt Me-262, des ersten einsatzfähigen Düsenjägers der Welt, begonnen. Das so genannte Reichsmarschall Herrmann Göring Werk (Kurzbezeichnung REIMAHG) sollte ab April 1945 monatlich 1.250 Flugzeuge liefern. Fremd- und Zwangsarbeiter, Kriegsgefangene aus 13 Ländern sowie dienstverpflichtete Deutsche und Fachpersonal waren am Ausbau des Stollensystems, der Verbunkerung, beim Anlegen einer Startrampe auf dem Walpersberg und beim Flugzeugbau eingesetzt. Im April 1944 trafen die ersten Zwangsarbeiter, 400 Italiener, ein; bis November stieg ihre Zahl auf 12.000 an.[161]

Für die meisten Zwangsarbeiter war der Arbeitstag zwölf Stunden lang. Schlechte Ernährung und Unterbringung, kilometerlange Fußmärsche am Morgen und Abend waren Kräfte zehrend und führten zu einem steigenden Krankenstand. Die zunächst in den Lagern um den Walpersberg eingerichteten Krankenstuben waren überfüllt, Infektionskrankheiten breiteten sich aus. Als die medizinische Lage immer schlechter wurde, entschied sich die Leitung der REIMAHG zur Einrichtung eines Betriebskrankenhauses. Am 14. August 1944 wurde das Neue

Schloss samt Parkgelände beschlagnahmt, entsprechend einem Gutachten vom September 1944 sollte hier ein Krankenhaus eingerichtet werden. Die Besitzer des Vogel-Verlages wehrten sich zunächst gegen die Übernahme und meldeten Bedenken an. Sie beriefen sich auf die kulturgeschichtliche Bedeutung des Schlosses. Am 1. März 1945 kam es jedoch zu einem Mietvertrag; die Besitzer sollten mit einer Jahresmiete von 4.000 Mark entschädigt werden.

Bereits im September 1944 begann der Bau der Krankenbaracken durch die Firma Flach aus Saalfeld; die dafür eingesetzten 80 Zwangsarbeiter waren im Saal des Gasthofes "Goldener Hirsch" untergebracht. Die Belegung der neuen Krankenbaracken mit Zwangsarbeitern (je acht Krankenzimmer mit zehn Betten, ein Schlafraum mit sechs und ein Schlafraum mit drei Betten) begann im November 1944. Im Schloss selbst, wo hauptsächlich

Auch Hummelshainer waren als Pflegekräfte eingesetzt.

deutsche Patienten einquartiert waren, wurden der Festsaal und andere Räume als Krankenzimmer genutzt. Im Festsaal standen 25 Betten, im Erdgeschoss weitere 47, im Zwischengeschoss 17 und im Obergeschoss 53. Im Keller war ein Operationsraum eingerichtet worden. In dem Betriebskrankenhaus waren vier Ärzte, zwei Assistenten, drei Laborantinnen, 13 Sanitäter und 35 DRK-Krankenschwestern eingesetzt, weitere 60 Mitarbeiter für Verwaltung, Küche und als Hauspersonal. Kaum eingerichtet, erwies sich das Krankenhaus als völlig unzureichend. Die meisten Patienten litten an Typhus, Tuberkulose oder an unterschiedlichsten Verletzungen. Dem Pflegepersonal blieb oft nur die Möglichkeit, den Sterbenden wenigstens Trost zu spenden. Insgesamt nahm die Einrichtung 1.088 Patienten auf, 980 Ausländer und 108 Deutsche. Es verstarben hier 175 ausländische Zwangsarbeiter vor allem aus Italien (65), Belgien (31), Polen (29), der Sowjetunion (24) und Frankreich (12). Sie wurden in den meisten Fällen heimlich, in der Nacht und ohne kirchlichen Beistand, neben dem Friedhof (heute Ehrenfriedhof und Gedenkstätte) begraben.[162]

Nach dem Einmarsch der Amerikaner fanden im Schloss Siegesfeiern statt, wobei die von der Vogel-Familie zurück gelassenen Weinvorräte "geplündert" wurden. Erschüttert zeigten sich die Besatzer über die Zustände im Krankenhaus. Vor Wut und Entsetzen wurden Hummelshainer Bürger mit vorgehaltenen Gewehren aus den Häusern zum Friedhof getrieben, um ihnen die Unmenschlichkeit des besiegten nationalsozialistischen Systems zu zeigen. Die Amerikaner ordneten die kirchliche Bestattung der toten Zwangsarbeiter unter Beteiligung der Gemeinde an. Im Neuen Schloss wurde eine amerikanische Verwaltung eingerichtet, das Krankenhaus bestand als D.P. Hospital (Einrichtung für "Displaced Persons") weiter, da der Gesundheitszustand der meisten Patienten eine Rückkehr in ihre Heimatländer noch nicht erlaubte. Das geschah erst nach und nach.[163]

Nach dem Abzug der US-Armee und dem Einmarsch der Roten Armee im Juni 1945 blieb das Krankenhaus noch einige Wochen in Betrieb. Auch für die sowjetischen Besatzer waren Hummelshain und seine Schlösser ein politisch wie strategisch wichtiger Punkt. Sie quartierten sich im Neuen und im Alten Schloss sowie in Privathaushalten des Ortes ein. Am 1. August 1945 meldete der nach der Befreiung eingesetzte neue Chefarzt Prof. Dr. Bernhardt die Entlassung der letzten drei deutschen Patienten und die Überstellung der letzten drei ausländischen Patienten in das Krankenhaus nach Stadtroda.

"Lebenswende" und "Ehre der Arbeit" – 1945-1989

Vom Jagdschloss zur medizinischen Einrichtung

Allmählich normalisierte sich nach der Befreiung im Mai 1945 das Leben in Hummelshain und seinen Schlössern. Das Sagen hatte jetzt ein sowjetischer Ortskommandant. Im Sommer 1945 wurden Schule, Kindergarten und Dorfbücherei wiedereröffnet; 1946 erfolgte die Gründung von Ortsgruppen politischer Parteien (SED, CDU und LDP). Durch Flüchtlinge und Heimatvertriebene wie auch durch neu zugezogene Beschäftige in den Schlössern stieg die Bevölkerungszahl des Ortes auf 665 Bürger (1948), nach der Zusammenlegung mit Schmölln auf 850 (1950).[164]

Nachdem das Alte Schloss zunächst der Universität Jena zur Unterbringung von Studenten zur Verfügung gestellt worden war, wurde es 1948 von der Thüringer Landesregierung an den Landkreis Jena-Stadtroda übergeben. Auf Initiative der Kreisärztin Frau Dr. Bahr begann im Oktober der Umbau des Schlosses und des Kavaliershauses zu einem Kurheim für die Behandlung der damals weit verbreiteten Tuberkulosekrankheit (TBC). Durch den Umbau zu einer medizinischen Einrichtung, insbesondere durch die völlige Umgestaltung der Innenräume, verlor das Alte Schloss seinen Charakter als Jagdschloss weitgehend.

Am 22. Juni 1949 wurde mit einem schlichten Festakt die Einweihung des Tuberkulose-Kurheimes im Alten Schloss vorgenommen. Die Festrede hielt der bekannte Jenaer Arzt und Leiter der Tuberkulosefürsorgestelle, Prof. Dr. Julius Kayser-Petersen. Das Personal stellte das Diakonissen-Mutterhaus Neuvandsburg aus Elbingerode. Diese evangelische Schwesternschaft war 1899 in Vandsburg (Westpreußen) gegründet worden. Nach dem Ersten Weltkrieg

US-Flagge auf dem Alten Schloss (Küchengebäude) im Mai 1945
Sammlung Teichmann

wurde das Mutterhaus nach Elbingerode verlegt und Neu-Vandsburg genannt.[165] Anfangs waren 82 Patienten in dem modern ausgestatteten Hummelshainer Kurheim untergebracht, das den bezeichnenden Namen "Lebenswende" führte.[166] Als ärztlicher Leiter war Herr Dr. Paul eingesetzt. Aufgrund der Ansteckungsgefahr mussten das Schlossareal und der untere Teil des Parks hermetisch abgeriegelt werden. In zwei Liegehallen im Park nahmen die Kranken Luftbäder. Mehr als 20 Jahre wurden im Alten Schloss Tuberkulosepatienten erfolgreich betreut. Bedingt durch den allgemeinen Rückgang dieser gefährlichen Krankheit konnte das Heim "Lebenswende" 1970 aufgelöst werden.

Eröffnung des TBC-Heims "Lebenswende"

Im Jahr 1972 eröffnete der Kreis Jena-Land im Alten Schloss ein Feierabend- und Pflegeheim für betagte Bürger. Nun waren in Schloss und Kavaliershaus 80 Pflegepatienten untergebracht, hinzu kamen 30 Feierabendplätze. An der Westseite erfolgte ein Fahrstuhlanbau, der bis heute den Gesamteindruck des Schlosses beeinträchtigt. Im Kavaliershaus wurde auch eine Landambulanz zur medizinischen Betreuung der Dorfbevölkerung untergebracht. Nach Auflösung des Tuberkulose-Kurheims konnte die Abriegelung des Geländes aufgehoben und der untere Teil des Parks wieder öffentlich genutzt werden. Mitarbeiter des Jugendwerkhofs (siehe den nächsten Abschnitt) regten daraufhin an, den Park mit einem ortsspezifischen Fest zu beleben. Von 1972 bis Mitte der 90er Jahre fand fortan das "Fest des Waldes und der Jagd" statt, das jeden September Tausende Besucher nach Hummelshain lockte und zu einem "Markenzeichen" des Ortes wurde. Die zum Schlossensemble gehörende Wagenremise wurde 1978/79 abgerissen und an ihrer Stelle eine Konsumverkaufsstelle errichtet. Mit der Rekonstruktion des im Gemeindebesitz befindlichen Teehauses begann 1985 ein weiteres Vorhaben zur besseren Nutzung des Parkareals und der historischen Liegenschaften.

Das Jugendheim im Neuen Schloss (1947–1952)

Nach dem Ende des Krankenhausbetriebes und dem Abzug der Roten Armee wurde das Neue Schloss nicht mehr durch seine Besitzer, die Verlegerfamilie Vogel, genutzt. Die ideale Lage des Schlosses weckte Interesse bei der sich neu etablierenden Schulbehörde. Der Landrat des Kreises Jena-Stadtroda verhandelte 1946 mit den Eigentümern, um im Schloss ein Heim für Kinder und Jugendliche einzurichten, die in den Kriegswirren ihre Familien verloren hatten. Der Erzieher Rudi Weise (1899–1975) erhielt den Auftrag, die Voraussetzungen für die Übersiedlung von 20 Jugendlichen, die in einem Heim in Dornburg untergebracht waren, und von weiteren 30 Kindern zu schaffen.[167]

Rudi Weise war ein Reformpädagoge, der bereits in den 20er und 30er Jahren des 20. Jahrhunderts Heime für schwererziehbare Kinder geleitet hatte, zum Beispiel in Schleswig-Holstein und in Vacha/Rhön. Nachdem er 1938 sein Staatsexamen als Erzieher abgelegt hatte, war er in Jena in der namhaften Heil- und Erziehungsanstalt "Sophienhöhe", die sich unter Dr. Johannes Trüper zu einem Heilerziehungsheim von internationalem Rang entwickelt hatte, als Erzieher tätig. Im Jahr 1946 eröffnete er ein staatliches Heim in Dornburg.[168]

Vor dem Umzug in das neue Domizil mussten im Schloss zunächst umfangreiche Reparaturen erledigt werden. Die 1945 als soziale Hilfsorganisation gegründete "Volkssolidarität" unterstützte die Renovierung der Schlossräume mit 20.000

Mittagessen im Festsaal des Schlosses um 1948

Mark. Bewohnbar war vorerst nur die untere Etage. Es fehlte an vielen Einrichtungsgegenständen, die erst nach und nach angeschafft werden konnten. Die ersten Betten stammten aus den Beständen der REIMAHG. Die Lebensmittel waren rationiert, die knappen Mahlzeiten wurden durch Beeren und Pilze ergänzt. Die Gärtnerei versorgte die Küche mit Gemüse. Selbst auf den Blumenrabatten des Parks wurden Kohl und Kartoffeln angebaut.

Das in Hummelshain umgesetzte Erziehungskonzept beruhte auf den reformpädagogischen Erfahrungen von Rudi Weise. Er propagierte eine einfache, natürliche Lebensweise, zweckmäßige Ernährung, einen sinnvoll gegliederten Tagesablauf, verbunden mit nutzbringender praktischer Arbeit vor allem in Gartenbau und Landwirtschaft. Hinzu kam die künstlerische Betätigung beim Malen, Schnitzen, Musizieren oder Laienspiel. Für Rudi Weise und seine Mitarbeiter war es ein wichtiges Anliegen, die Kinder und Jugendlichen in einer Gemeinschaft zusammenzufassen. Dazu trugen die gemeinschaftliche Arbeit und das Gestalten eines abwechslungsreichen Heimlebens bei. Bei allen Arbeiten zur Verbesserung ihrer Lebensbedingungen, zum Beispiel beim Sportplatzbau am Nordrand des Parks 1952, wurden die Jungen und Mädchen einbezogen.

Im Jugendheim waren anfangs Kinder und Jugendliche in Alter von 6 bis 20 Jahren untergebracht. Die Einweisungsgründe waren sehr unterschiedlich. Neben Waisen fanden aus der Haft entlassene oder auf der Straße aufgegriffene Kinder und Jugendliche Aufnahme. Die Aufenthaltsdauer betrug 1948 durchschnittlich vier Monate. Bereits im Jahr 1947 wurde mit dem vormittäglichen Schulunterricht in zwei Klassen (Große und Kleine Schule) begonnen. Zu den ersten Lehrern gehörten Herr Hoppenheit, Angela Kühnert, Sonja Lehmann und Helene Peisch. Ein kontinuierlicher Schulbetrieb konnte infolge des Lehrermangels nicht gewährleistet werden. Die Kinder aus Hummelshain und Schmölln besuchten in dieser Zeit die 1945 wiedereröffnete Hummelshainer Dorf-

Brot, Butter, Käse und Grießbrei zum Abendessen, Speisezettel von Januar 1952

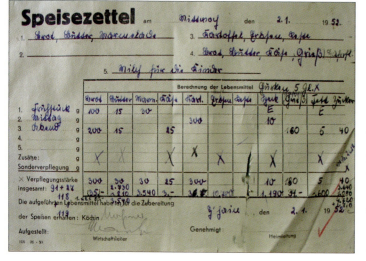

schule, in der ab 1950 der Lehrer Horst Wunderlich für alle 84 Schülerinnen und Schüler zuständig war.

Ab 1949 wurden in den einstigen Krankenbaracken Werkstätten für das Jugendheim eingerichtet. In der Weberei, der Schlosserei und der Tischlerei erhielten die älteren Jugendlichen eine berufliche Qualifizierung. In der Schlosserei war Erich von Hahn Lehr-

Technische und pädagogische Mitarbeiter, u. a. Elfriede Wondrak und Hans Wondrak (1. u. 6. v. l.), Josephine und Erich von Hahn (2. u. 5. v. r.)

ausbilder; unter seiner Leitung fertigten die Lehrlinge dringend benötigte Haushalts-, Küchen- und Gartengeräte an. Die Tischlerei unterstand Richard Schurzmann. In der Weberei wurden unter der Leitung von Franz Plame Gebrauchsgegenstände und Kleidung angefertigt. Günther Appenroth, der spätere Bürgermeister von Hummelshain, wurde 1948 als landwirtschaftlicher Inspektor eingestellt. Auch mit dem Aufbau eines Gärtnereibetriebes wurde begonnen.

Im Jahr 1949 arbeiteten im "Jugend-Werk-Heim" Hummelshain: Wenzel Weijde und Hildegard Sporny (Verwaltung); Erich von Hahn, Emil Wondrak, Alfred Konitz und Willibald Elch (Meister); Günther Appenroth (Landwirt); Helene Raisch (Kindergärtnerin); Angela Kunert (Lehrerin); Hans Wondrak, Richard Schurzmann, Emil Werner, Karl Schmidt und Willi Schwenk (Gehilfen); Helga Birga, Josephine von Hahn, Erwin Raisch, Werner Seele, Martha Appenroth, Anna Tutte, Elfriede Wondrak, Anita Schwenk, Willi Elcher, Inge Dassler und Elise Frauendorf (Hilfskräfte). Hinzu kamen neun Praktikanten, darunter Harry Naujeck, der die ersten politischen Gruppen des Ortes (Freie Deutsche Jugend, Sozialistische Einheitspartei) ins Leben rief. Es gingen von Naujeck auch Bemühungen aus, einen Vertreter des Jugendheimes in den Gemeinderat wählen zu lassen. Das erfolgte jedoch nicht, da nach der Auffassung der Hummelshainer in diesem Gremium keine Erzieher, sondern nur Bauern sitzen sollten.[169]

Zu Beginn der 50er Jahre verbesserten sich die Freizeitmöglichkeiten der Jugendlichen. Im Jahr 1950 wurde ein Fanfarenzug gegründet, der unter der Leitung des Geschichts- und Deutschlehrers Oskar Graßmann stand. Er und Rudi

Weise bauten auch einen Theaterzirkel auf, 1952 kamen die Volkstanzgruppe und 1953 ein Jugendchor hinzu. Es gab im Jugendheim Sportgruppen und verschiedene Arbeitsgemeinschaften im Bereich Natur und Technik. In dieser Zeit verlängerte sich die Aufenthaltsdauer der Heimbewohner zunehmend und die Altersstruktur veränderte sich. Kinder unter zwölf Jahren gingen in andere Heime, so dass in Hummelshain nunmehr eine alters- und bildungsmäßig einheitliche Klientel vorhanden war. Ab 1952 profilierte sich das Heim zu einem Jugendwerkhof, dessen Leitung bis 1956 in den Händen von Rudi Weise lag. Die Einrichtung erhielt den Namen "Ehre der Arbeit", Titelzeile eines Gedichtes von Ferdinand Freiligrath über den hohen Wert jeglicher körperlichen und geistigen Arbeit.

Der Jugendwerkhof "Ehre der Arbeit" 1952–1992

Der Jugendwerkhof war eine staatliche Erziehungseinrichtung, in die schwer erziehbare, verhaltensauffällige oder straffällig gewordene Jugendliche von den Jugendämtern eingewiesen wurden, um ihre persönliche Entwicklung zu beeinflussen und die schulische Bildung zu fördern. Bei längeren Aufenthalten war eine berufliche Ausbildung vorgesehen. Die Vorgaben der staatlichen Stellen und die Arbeit der politischen Organisationen bedingten, dass sich der Bildungsauftrag im Laufe der Zeit in Richtung der sozialistischen Kollektiverziehung änderte. Jugendliche, die nicht ins Bild der sozialistischen Gesellschaft passten, sollten umerzogen werden. Bis 1992 haben den Jugendwerkhof "Ehre der Arbeit" rund 5.500 Jugendliche durchlaufen, die überwiegend aus den Nordbezirken der DDR kamen. Die Einrichtung war jeweils mit etwa 90 Mädchen und 100 Jungen belegt. Die Personalstärke betrug rund 80 Erzieher, Ausbilder und technische Mitarbeiter.

Hauptsäulen der Erziehung blieben weiter die schulische und berufliche Ausbildung. Das Ziel war die Entwicklung der Jugendlichen zu gesunden, sportlichen

Der Springbrunnen diente im Sommer als Bad

und disziplinierten Persönlichkeiten, "die tatkräftig am Aufbau einer glückli-chen, friedlichen und besseren Zukunft mithelfen."[170] In der Heimordnung waren alle Lebens- und Arbeitsprinzipien fixiert. Verstöße gegen diese Ordnung wurden als "Vergehen am Kollektiv" gewertet. Der Tagesablauf war nach vorge-gebenen Regeln straff organisiert. Ab 1952/53 fanden Appelle statt. Zum Wecken ertönte ein Hornsignal vom Schlossturm. Die offene Heimarbeit über-wog; das Schlossgelände konnte aber nur mit einem Passierschein verlassen wer-den. Von großer Bedeutung war das Auftreten in der Öffentlichkeit. Dabei spiel-ten Disziplin, Ordnung und Sauberkeit eine große Rolle. Das wurde durch die 1953 eingeführte Heimkleidung unterstrichen. Sie bestand aus einem braunen Rock oder einer braunen Hose. Die Mädchen trugen dazu grüne Jacken, die Jungen grüne Uniformjacken. Kopfbedeckung war ein rotes Barett.

Alle Kinder und Jugendlichen wurden entsprechend ihrer Vorbildung schulisch betreut. Es gab drei Unterstufen- und zwei Oberstufenklassen sowie eine Förderklasse, wobei Jungen und Mädchen getrennt unterrichtet wurden. Als Lehrer kamen damals Hans und Liselotte Goesch neu nach Hummelshain. Berufliche Erfahrungen konnten die Jugendlichen in der Schlosserei, der Tischlerei, der Weberei, der Gärtnerei und in den beiden zum Jugendwerkhof gehö-renden landwirtschaftlichen Betrieben sammeln. Außerdem arbeiteten die Jugendlichen im Tuffsteinwerk Altenberga, im Zementwerk Göschwitz, in der Forstwirtschaft, im Porzellanwerk Kahla und in der Maxhütte Unterwellenborn.

Briefkopf von 1956

Nachdem Rudi Weise 1956 als Leiter des Jugendwerkhofes abgesetzt worden war, übernahm nach einer Interimszeit Volker Enders 1960 das Amt des Direktors. Volker Enders (geb. 1928) hatte nach Kriegsende eine Lehre in der Landwirtschaft begonnen und absolvierte eine Ausbildung als landwirtschaftlicher Berufs-schullehrer. 1952 wurde er in das Thüringer Ministerium für Wirtschaft und Arbeit berufen und war dann als Oberreferent für Berufsausbildung beim Rat des Bezirkes Gera tätig.[171] Unter seiner Leitung begann man in Hummelshain die Berufsausbildung der Jugendlichen grundlegend zu verbessern. War diese zuvor oft mehr auf Geldeinnahmen für den Jugendwerkhof als auf die fachliche Quali-fikation orientiert, erhielten die Jugendlichen nun eine systematische berufliche Ausbildung, an deren Ende zumeist ein Teilfacharbeiterabschluss stand. Dazu wurde ein moderner Maschinenpark angeschafft; jeder Ausbildungsbereich hatte

einen Patenbetrieb. Die dabei gesammelten Erfahrungen in der praktischen und theoretischen Berufausbildung und in der Freizeitgestaltung galten in der DDR als beispielgebend und wurden auch auf andere Jugendwerkhöfe übertragen.

Durch Baumaßnahmen im Schlossareal wurden im Laufe der Zeit die Wohn- und Lernbedingungen verbessert. Im Neuen Schloss befanden sich Speiseräume, Küche, Werkhofleitung und die Zimmer der Mädchen. Die Jungen waren anfangs in alten Baracken untergebracht, bis 1961 an der westlichen Parkgrenze ein modernes Jungeninternat fertiggestellt wurde. Im Jahr 1966 wurde eine neue Schulbaracke errichtet. Mit dem Schulneubau 1982 hielt das Fachunterrichts-system seinen Einzug. Im Ort selbst, dessen Einwohnerzahl 1984 auf 975 (zuzüg-lich 70 Einwohner in Schmölln) gewachsen war, entstanden zahlreiche Wohn-häuser von Mitarbeitern des Werkhofes. Bei vielen dörflichen Baumaßnahmen, beispielsweise dem Schulneubau 1967, leisteten die Zöglinge tatkräftige Hilfe. Dennoch waren oft Spannungen zwischen Dorf und Jugendwerkhof, damals größter Arbeitgeber des Ortes, zu verzeichnen.

In den Jahren 1971 und 1972 gab es um die beim Neuen Schloss stehende Hirschgruppe wieder einmal große Diskussionen. Die 1896 zum 70. Geburtstag von Herzog Ernst I. aufgestellte Bronzeplastik war im Ersten Weltkrieg beinahe eingeschmolzen worden, nach dem Verkauf des Schlosses an den Verleger Vogel sollte sie einst nach Kahla umgesetzt werden. Nun war von staatlicher Seite ver-fügt worden, sie in der Jagdschule Zollgrün aufzustellen. Dagegen wehrten sich die Hummelshainer Bürger energisch, es wurden sogar Unterschriften für den

Verbleib gesammelt. Der Protest war erfolgreich, und das bekannte Wahrzeichen blieb an seinem angestammten Platz.

Der Jugendwerkhof "Ehre der Arbeit" im idyllischen Herzogsschloss galt unter den DDR-Jugendwerkhöfen als "Vorzeigeeinrichtung", die häufig von in- und ausländischen Delegationen besichtigt wurde. Der Fanfarenzug und die Singe-

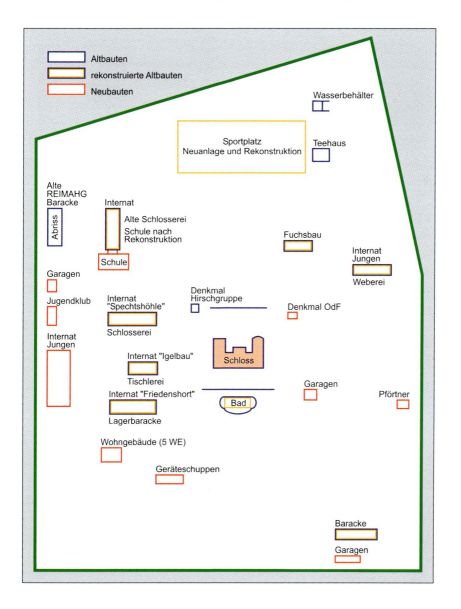

Nutzung
des Schlossareals
bis 1992
Zeichnung Hilgenfeld

Der 1967 gebaute Gedenkstein für die Reimahg-Opfer

gruppe waren ebenfalls Aushängeschilder und bereicherten viele Veranstaltungen der Region. Großen Anteil hatten die Erzieher und Jugendlichen daran, dass die Geschichte des Neuen Schlosses in den Jahren 1944/45 nicht in Vergessenheit geriet. Der sich noch heute vor dem Schloss befindende Gedenkstein für die REIMAHG-Opfer wurde im April 1967 von Jugendlichen gebaut. Die alljährlichen Treffen ehemaliger Zwangsarbeiter aus zahlreichen europäischen Ländern in Hummelshain initiierte der Pädagoge Manfred Springer, der den Hummelshainer Jugendwerkhof ab 1976 leitete.

Als 1987 mit einem Festakt und einem Parkfest der 40. Jahrestag der Gründung der Jugendeinrichtung im großen Stil gefeiert wurde, ahnte wohl niemand, dass der Jugendwerkhof in Neuen Schloss Hummelshain nur noch wenige Jahre bestehen würde. Nach der politischen Wende 1989 arbeitete die Einrichtung zunächst weiter, und es gab verschiedene Ideen, die Institution inhaltlich und strukturell neu zu gestalten. So gab 1991 der Internationale Bund für Sozialarbeit München e.V. die Anregung, das Neue Schloss und die dazugehörigen Werkstätten künftig als Einrichtung für suchtgefährdete Jugendliche zu nutzen. Dieses Vorhaben fand im Ort keine positive Resonanz. Am 15. Juli 1992 wurde der Jugendwerkhof auf Beschluss des Thüringer Sozialministeriums geschlossen. Damit waren, wie die Hummelshainer Chronik schreibt, 45 Jahre Kinderheim, Jugendheim und Jugendwerkhof zu Ende und das Neue Schloss "für Investoren frei".

Seit mehreren Jahren betreiben einstige Bewohner des Jugendwerkhofes erfolgreich eine Internetplattform,[172] um ihre Erfahrungen und Erlebnisse auszutauschen und um alte Freundschaften aufzufrischen. Seit 2004 finden Treffen der "ehemaligen Hummelshainer" statt. An der Begegnung 2007 in Hummelshain haben auch der einstige Jugendwerkhofleiter Manfred Springer und weitere Erzieher teilgenommen.[173]

Zwischen Aufbruch und Ernüchterung – die Schlösser nach der Wende

Das Neue Schloss, eine äußerst aufwändige, anspruchsvolle und teure Aufgabe

Obwohl beim Bau des Neuen Schlosses größtenteils Baumaterialien von ausgezeichneter Qualität verwendet wurden und die Bauausführung von hervorragender Güte war, befindet sich das über Thüringen hinaus bekannte und bedeutsame Architekturdenkmal inzwischen in einem kritischen und traurigen Zustand. Zwar ist dank guter Pflege durch die Schlossverwaltung der Glanz einiger der historischen Innenräume erhalten geblieben, die "fehlenden

Die Instandsetzung der maroden Dachlandschaft ist die wichtigste Sanierungsaufgabe. Aufnahme von 1997

LEG Thüringen

Instandhaltungs- und Renovierungsarbeiten nach dem Zweiten Weltkrieg"
haben jedoch nach Einschätzung von Dr.-Ing. Ulrich Seelig in der Bausubstanz
inzwischen "sichtbare und zum Teil nicht reparable Schäden hinterlassen".[174]

Dabei hatte es seit der politischen Wende keineswegs an Ideen, Absichten und
Plänen gefehlt, das Neue Schloss in altem Glanz erstrahlen zu lassen oder doch
wenigstens vor dem Verfall zu bewahren. Bürgermeister waren von 1989–1990
Manfred Köthen, von 1990–1998 Harald Kupfer. Bereits in den letzten Jahren
des Jugendwerkhofes wurde die Instandsetzung der komplizierten Dachlandschaft in Angriff genommen. Mit viel Mühe hatte man Kunstschiefer beschafft,
auch das notwendige Zinkblech stand in Aussicht. Der Kunstschiefer kam wegen
eines Einspruchs der Denkmalbehörde damals jedoch nicht aufs Dach.

Nach Schließung des Werkhofes ging das Schloss vom Thüringer Sozial-
ministerium in die Verantwortung des Finanzministeriums beziehungsweise der
Oberfinanzdirektion über. Die Gemeinde Hummelshain verzichtete mit ihrem
Beschluss vom 13. Juli 1994 auf eine Eigentumsübertragung der Schlösser und
Nebengebäude.[175] Es begann die Investorensuche, und viele Interessenten gaben
sich die Klinke in die Hand. Im Februar 1993 legte eine redegewandte Geschäfts-
frau den Hummelshainer Gemeindevertretern das Projekt für den Bau eines
Altenheims und einer Geriatrischen Rehabilitationsklinik mit 300 Betten vor.
"Erweitert wird dieses Vorhaben mit Hotel- und Wohnbauten [...]. Die Planstudie
der Erfurter Firma Wagner und Partner gruppiert die Gebäude um das Dorf
herum, um den Ortskern in seiner besonderen Struktur zu erhalten, wenngleich
natürlich das malerische Umfeld nun doch mit Baukörpern vollgestellt wird [...].
Auf über 100 Millionen schätzte Direktor Michael Metz vom eventuellen Bau-
träger Wayss & Freitag den Investumfang",[176] berichtete die Lokalpresse. Das
Neue Schloss sollte saniert und als Stätte für Seminare und Kulturveranstal-
tungen genutzt werden. Insgesamt wollte man 400 neue Arbeitsplätze schaffen.
Um die Realisierung des Projektes zu beschleunigen, zog die Firmenvertreterin
mit Genehmigung des Ministeriums samt Kindermädchen und Mercedes-Benz
schon einmal ins Schloss ein. Mehrere Jahre residierte sie im Herzogin-Agnes-
Flügel, im Dorf "die Gräfin" genannt. Das Projekt erwies sich im Laufe der Zeit
jedoch mehr und mehr als Luftnummer, und der Regen sickerte weiter durch das
Dach. Immerhin wurden Schloss und Dorf Hummelshain ein paar Jahre später
medial bekannt durch den Film "Von Hongkong nach Hummelshain", in dem ein
WDR-Team die Versuche jener Frau beleuchtet, durch dubiose Versprechen und
Täuschungen in den neuen Bundesländern Projekte in Gang zu bringen.

Während das Klinik-Projekt noch aktuell war und heiß debattiert wurde, kam 1994 ein weiteres Vorhaben ins Gespräch. Das Finanzministerium plante in Hummelshain die Einrichtung einer Zivildienstschule in Trägerschaft des Arbeiter-Samariter-Bundes Thüringen (ASB). Dazu wollte man das Jungeninternat und andere Bauten des Jugendwerkhofes nutzen, ergänzt durch einen Neubau und einen großen Parkplatz im Schlosspark. Das Neue Schloss und der Rest der Parkanlage sollten abgetrennt und separat vermarktet werden[177]. Zugleich gab es Bestrebungen, weitere Flächen und Gebäude des Schlossgeländes auszuschreiben und einzeln zu veräußern. Vor diesem Hintergrund entstand 1994 eine Bürgerinitiative zur Erhaltung der Schlossanlage, die sich dafür einsetzte, das Schlossensemble in seiner Einheit zu erhalten und eine sinnvolle, den historischen Charakter wahrende Nutzung zu finden. Der Park sollte nicht durch weitere Gebäude oder gar Parkplätze verbaut, sondern wieder in seinen ursprünglichen Zustand versetzt werden. In der Bevölkerung wurde darüber kontrovers diskutiert; die Verantwortlichen in Erfurt nahmen schließlich davon Abstand, im Schlossareal eine Zivildienstschule einzurichten. Es gab aber Signale aus dem Thüringer Ministerium für Landwirtschaft, Naturschutz und Forsten, im Neuen Schloss und den dazu gehörenden Gebäuden die Fachhochschule für Forstwirtschaft und die Landesanstalt für Wald- und Forstwirtschaft unterzubringen. Dafür setzte sich die Bürgerinitiative vehement ein. Nach vorerst positiven Stellungnahmen seitens der beteiligten Behörden wurde das Projekt aus finanziellen und politischen Gründen nicht weiter vorangetrieben. Die Bürgerinitiative hatte somit nicht den gewünschten Erfolg, aber sie bewirkte ein Umdenken in Richtung Erhalt des Schlossensembles in seiner Gänze.

Im Herbst 1994 schrieb die Oberfinanzdirektion das Neue Schloss mit einer Nutzfläche von 1.100 qm und 12,1 ha Parkfläche zum Verkauf aus. Es wurde als repräsentativer Firmensitz, Kongresshotel oder Schulungszentrum empfohlen, der Richtpreis war mit 4,8 Millionen DM angegeben. Dieser Ausschreibung sollten weitere folgen. Das Schlossgebäude stand währenddessen leer; die Besucher drückten sich die Nasen an den Fenstern platt, um ein bisschen Schlossatmosphäre zu erhaschen. Angetan vom Zauber des imposanten Neorenaissancebaues waren auch die Filmleute, die hier 1996 den unterhaltsamen Streifen "Ein Schloss für Rita" drehten. Die Story war fast aus dem Leben gegriffen, sollte doch ein altes Schloss verkauft und einer sinnvollen Nutzung zugeführt werden. Im Film gelang dies auch, in Hummelshain war ein Happy End nicht in Sicht. Ein Investor aus Hamburg, der ein Ponyschloss als Freizeit- und

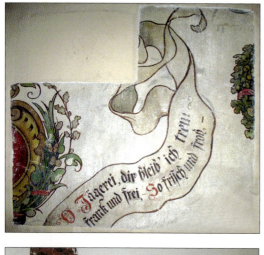

*Unter späteren Anstrichen verborgen: 1998 freigelegte
originale Farbfassungen aus dem Jägerzimmer,
dem westlichen Treppenturm und dem Speisesaal*

Ferienaufenthalt für 150 Kinder einrichten wollte, sprang wieder ab[178]. Das Schloss war für die Öffentlichkeit weiter unzugänglich. Ausnahme bildete ein Event des Jenaer Theaterhauses zum Thüringer Kulturherbst 1997. Dabei konnten sich die Besucher vom Festsaal bis zum Boden über den Erhaltungszustand informieren, dabei über aufgestellte Badewannen stolpernd. Inzwischen lief nämlich das Regenwasser bis ins Erdgeschoss. Im Herzog-Ernst-Flügel und im Festsaal kam es zu beträchtlichen Schäden. Es folgten wieder Notreparaturen am Dach, ohne die Schäden grundhaft zu beseitigen.

Die Trägerschaft änderte sich 1998 ein weiteres Mal. Für die Vermarktung war nun die Thüringer Landesentwicklungsgesellschaft (LEG) verantwortlich. Die LEG suchte nicht nur im Stillen nach finanzkräftigen Investoren, sondern öffnete die Tore des Hummelshainer Jagdschlosses weit. Wie schon zu herzoglicher Zeit gibt es seither wieder Führungen. Das Musikzimmer (ehemaliges Empfangszimmer der Herzogin Agnes) steht als Standesamt zur Verfügung; zahlreiche Paare haben sich in der reizvollen Schlossatmosphäre inzwischen das Jawort gegeben. Der Festsaal und andere Räume können für Festivitäten aller Art gemietet werden. Einer der ersten Nutzer, der Geschäftsführer des Steigenberger MAXX-Hotels, schwärmte 1998: "Das Schloß ist schön und eigenwillig. Nicht feudal, sondern eher etwas geheimnisvoll – eben etwas Besonderes."[179] Diese öffentlichen Nutzungsmöglichkeiten bestehen bis heute.

Am 16. Dezember 1998 schloss die Landesentwicklungsgesellschaft mit der Leipziger Firmengruppe Alphasat Communication GmbH und Institut für Höchstfrequenztechnik GmbH einen Verkaufsvertrag, der bei den Freunden des schönen Neorenaissanceschlosses große Hoffnungen weckte. Als Kaufpreis für das Schlossgebäude mit allen dazugehörigen Liegenschaften vereinbarte man einen "angemessenen Kaufpreis in einstelliger Millionenhöhe". Der Vertrag sah vor, dass der neue Eigentümer in den nächsten Jahren 9,45 Millionen DM in die Sanierung des Schlosses investiert und es dann als Verwaltungsgebäude mit Konferenz- und Seminarräumen nutzt. Die repräsentativen Räume im Erdgeschoss sollten öffentlich zugänglich bleiben, ebenso der Schlosspark. Für die Baracken und Jugendwerkhofsgebäude im Park war der umgehende Abriss vorgesehen. Außerdem sollte auf dem ehemaligen Sportplatz im nördlichen Teil des Schlossareals bis zum Jahr 2001 ein den landschaftlichen Gegebenheiten angepasstes modernes Gebäude für Forschung und Entwicklung entstehen. Dafür war "eine zweistellige Millionensumme" geplant.[180] Die Firma wollte an ihrem Hummelshainer Zweitsitz nicht nur Forschung und Entwicklung auf dem Gebiet hochfrequenter elektromagnetischer Wellen und der Antennentechnik betreiben, sondern zugleich als Dienstleister tätig werden. Im Schloss sollten den Kunden auf Seminaren, Tagungen und Kongressen wissenschaftliche und praktische Erkenntnisse vermittelt werden.

An optimistischen Schlagzeilen zum Neuen Schloss hat es in den letzten Jahren nicht gefehlt.

Dieses Konzept, das die Sanierung des Schlosses mit einer sinnvollen wirtschaftlichen Nutzung des Areals verband, fand die Zustimmung der Gemeinde, in der seit 1998 Manfred Teichmann das Amt des Bürgermeisters ausübt. Ebenso stieß es beim neu gegründeten Förderverein und vielen Bürgern auf positive Resonanz. Seitens der Behörden wurden zügig alle notwendigen Genehmigungen erteilt. So herrschte im Jahr 2000, als man in Hummelshain mit einem historischen Festumzug die 650-jährige Dorfgeschichte Revue passieren ließ, bezüglich der Zukunft des Schlosses eine hoffnungsvolle Stimmung. In den seither vergangenen Jahren wurde dieses Projekt der Alphasat GmbH jedoch immer wieder verschoben und modifiziert. Über Gründe wurde die Öffentlichkeit nicht informiert. Da die notwenige Schlosssanierung weiter auf sich warten lässt, haben sich in der öffentlichen Meinung zunehmend kritische Stimmen bemerkbar gemacht, so bei der Verleihung des Negativpreises "Schwarzes Schaf" des Thüringer Denkmalverbundes an das Leipziger Unternehmen im August 2006.

Wichtige Voraussetzungen für die Sanierung des Neuen Schlosses und des Schlossparks hat die Alphasat GmbH mit den von ihr 2001–2003 an kompetente Fachleute in Auftrag gegebenen Bestandsaufnahmen und Planungen geschaffen. Von Dr. Michael Rohde, Gartendirektor der Stiftung Preußische Schlösser und Gärten Berlin-Brandenburg, liegt eine ausführliche Untersuchung zur Hummelshainer Parkanlage unter denkmalpflegerischer Sicht vor.[181] Die notwendigen Untersuchungen und Planungen für die Sanierung des Schlossgebäudes wurden durch das erfahrene Leipziger Ingenieurbüro Dischereit & Partner unter Leitung von Dr.-Ing. Ullrich Seelig erarbeitet. Um deutlich zu machen, welch schwierige Arbeit bei der Schlosssanierung zu leisten ist, sei hier eine kurze Zusammenfassung der Bestandsaufnahme von Dr.-Ing. Seelig wiedergegeben. Sie bezieht sich auf den Bauzustand des Schlossgebäudes zum Zeitpunkt der Untersuchung 2003: "Von der **Dachlandschaft** mit den vielen Gauben, Türmchen und Dachzier ist wenig originale Substanz erhalten geblieben [...]. Das hölzerne Dachtragwerk hat wegen zahlreicher undichter Stellen Schaden genommen. Die Instandsetzung der Dacheindeckung und des Dachtragwerks sind für die Erhaltung des Schlosses die wichtigsten Aufgaben, die dringlich in Angriff genommen werden müssen. [...] Die historischen Bauelemente wie **Türen, Fenster, Treppen, Fußböden, Decken- und Wandverkleidungen, Verglasungen und Interieur** sind vielfältig erhalten geblieben, jedoch teilweise in einem kritischen und bedauerlichen Zustand. Die **haustechnischen Anlagen** haben viele Umbauten erlebt, sind aber nach über 100 Jahren komplett erneuerungsbedürftig.

Der Festsaal ist noch immer das Schmuckstück des Schlosses. Aufnahme von 1997
LEG Thüringen

Aus bautechnischer Sicht ist festzustellen, dass die Instandsetzung der Gebäudehülle die vordringlichste Aufgabe darstellt. Die anschließende Sanierung der Tragkonstruktion und die liebevolle Restaurierung der historischen Bauelemente, Fassaden, Putze und Malereien ist eine äußerst aufwändige, anspruchsvolle und teure Aufgabe. Wir hoffen, dass die notwendigen Gebäudesicherungsmaßnahmen in Kürze vorgenommen werden können."[182]

Das Alte Schloss und die anderen Liegenschaften des Residenzdorfes nach 1989

Der Rechtsträger des Alten Schlosses, der damalige Landkreis Jena, nutzte bereits kurz nach der Wende Fördermittel des Programms Aufschwung Ost, um notwenige Instandsetzungsarbeiten durchzuführen. Bis Oktober 1991 wurden 700.000 Mark investiert.[183] So kam das historische Jagdschloss unter anderem zu einem soliden neuen Dach und zu neuen, stilgerechten Fenstern. Ein Neustädter Fachbetrieb sanierte das im 19. Jahrhundert unter Ernst I. eingefügte neogotische Jenaer Tor.

Im Jahr 1993 wurde dem ASB die Verantwortung für das im Schloss untergebrachte Alten- und Pflegeheim übertragen, inzwischen wichtigster Arbeitgeber des Ortes. Weil das Bauwerk nach Ansicht des neuen Betreibers auf Dauer für Altenhilfszwecke ungeeignet war, beschloss der Kreistag einen Ersatzneubau im Ort. Es dauerte etliche Jahre, bis dafür alle Voraussetzungen geschaffen waren. Im Juni 2000 zog das Altenheim in sein neuerbautes modernes Domizil am westlichen Dorfrand um. Seither steht auch das Alte Schloss, Jahrhunderte lang Mittelpunkt der herzoglichen Jagd- und Sommerresidenz, leer und zum Verkauf.

Vom Verfall bedroht: Der Marstall, das ursprüngliche Jagdzeughaus

Dieses Schicksal teilt das Schloss mit einigen anderen Liegenschaften des Schlossensembles. Das Hofgärtnerhaus mit seiner charakteristischen neogotischen Fensterfront wartet seit Jahren auf einen neuen Nutzer. Der Marstall, 1714 als Jagdzeughaus der Residenz durch Herzog Friedrich II. in massiver Bauweise errichtet, wurde zwar nach der Wende verkauft. Da sein Besitzer es weder nutzt noch instand hält, ist es zunehmend dem Verfall preisgegeben. Zum Verkauf steht auch das in Gemeindebesitz befindliche, Anfang der 90er Jahre mit einem neuen Dach versehene Gutshaus des Schlosses (Altes Gut), das schon durch sein attraktives Grundstück mit großem Gutsgarten in bester Lage interessante Nutzungsmöglichkeiten bietet.

Erfreulicherweise sind die meisten anderen Objekte der einstigen Residenz nach 1989 instand gesetzt worden, so die als Wohnhäuser genutzten Gebäude der einstigen herzoglichen Schmiede und des so genannten Kutscherhauses. Einige Gebäude sind dabei zu Schmuckstücken des Ortes geworden. Dazu zählen das heute ebenfalls als Wohnhaus genutzte einstige Waschhaus am Alten Schloss, das villenartige Gebäude der herzoglichen Telegraphenstation in der Kahlaer

Straße, ebenso die 1894 unter Herzog Ernst I. erbaute neogotische Kirche und das aufwändig restaurierte Teehaus mit Kegelbahn im Schlosspark, das als Versammlungsstätte der Gemeinde und für viele Festlichkeiten zu einem gesellschaftlichen Mittelpunkt des Ortes geworden ist. Eine positive Wende hat auch die Geschichte des 1802–1807 unter Freiherr Friedrich von Ziegesar erbauten Forstamtsgebäudes (Altes Forsthaus) genommen. Eine junge Jenaer Familie hat das fast schon dem Untergang geweihte Bauwerk in den letzten Jahren mit großem persönlichen Einsatz denkmalgerecht saniert.

Der Ort Hummelshain hat also neben seinen Jagdschlössern eine Vielzahl weiterer, mit diesen in Verbindung stehenden historischen Baulichkeiten aufzuweisen. Fraglos sind die Erhaltung und die sinnvolle Nutzung der beiden Schlösser für die Entwicklung des Ortes und seiner Identität und zur Förderung des Fremdenverkehrs erstrangige Aufgaben. Zwar werden die Schlösser ihre frühere Funktion als Wegbereiter der dörflichen Entwicklung und Hauptarbeitgeber des Ortes nicht wieder erlangen können. Dennoch sollte ihre Existenz nicht als "Erblast", sondern als besondere Chance gesehen werden, um das Residenzdorf Hummelshain weiter als attraktiven Wohn- und Erholungsort sowie touristischen und kulturellen Anziehungspunkt der Region zu profilieren.

Die Arbeit des Fördervereins Schloss Hummelshain

Der Dornröschenschlaf, in den das Neue Jagdschloss Mitte der 90er Jahre gefallen war, gab den Anstoß zur Frage: Brauchen wir einen Förderverein für die Hummelshainer Schlösser? Im Frühjahr 1998 wurde dazu eine öffentliche Versammlung einberufen. In der Diskussion wurde die Notwendigkeit eines solchen Vereins unterstrichen, es kamen aber auch die abzusehenden Schwierigkeiten zur Sprache. Eine Tradition bürgerschaftlichen Engagements für die Baudenkmale aus herzoglicher Zeit existierte in Hummelshain nicht. Die Gemeinde betrachtete sich aufgrund der gegebenen Eigentumsverhältnisse als nicht zuständig. Aufgrund zurückliegender Ereignisse wie der Schließung des Jugendwerkhofes, der Streitigkeiten um die Zivildienstschule und der groß angekündigten, aber nicht eingehaltenen Investorenzusagen hatten viele Bürger das Thema Schlösser längst abgehakt. Dennoch erfolgte am 17. Juni 1998 die Vereinsgründung. Als Ziel wurde formuliert, "dem materiellen und kulturellen Niedergang des Schlossensembles Hummelshain entgegenzuwirken, dessen Erhaltung und sinnvolle Nutzung zu fördern". Die elf Gründungsmitglieder wollten im Rahmen ihrer Möglichkeiten dazu beitragen "das Schlossensemble vor dem Vergessenwerden und dem Verfall zu bewahren". "Schwerpunkte der Arbeit sollen u. a. öffentliche Ausstellungen, Vorträge und Konzerte, die Aufarbeitung der wechselvollen Geschichte des Schlossensembles, die Unterstützung von denkmalpflegerischen Maßnahmen sein. Für diese Aktivitäten wirbt der Verein Sponsoren und Fördermittel und sorgt für die notwendige Öffentlichkeitsarbeit."[184] Die Tätigkeit richtete sich also von Anfang an nicht nur auf das allseits bekannte Neue Schloss, sondern auf das gesamte historische Schlossensemble. Zur Vorsitzenden wurde Dr. Claudia Hohberg gewählt. Es erfolgte die notarielle Bestätigung des Vereinsstatutes, die Eintragung ins Vereinsregister und die Zuerkennung der Gemeinnützigkeit.

Erste Aktivitäten waren die von den Vereinsmitgliedern gestaltete Ausstellung "Schloss Hummelshain um 1900", die von 1998 bis 2000 in Neuen Schloss gezeigt wurde, sowie mehrere erfolgreiche Schlosskonzerte. Das Konzert am Hubertustag 1998 mit dem Reichenbacher Männerchor, einer Blechbläser- und einer Jagdhornbläsergruppe verband traditionelle Jagdmusik mit historischen Informationen über das Schlossensemble. Dieses Event im überfüllten Festsaal des Schlosses fand bei Hummelshainern und Gästen aus der Region so viel Zuspruch, dass es noch am selben Tag wiederholt werden musste. Erfolgreich war auch die Veranstaltungsreihe "Jazz im Schloss", die zweimal, jeweils am

Wiederbelebte Tradition:
Ostereiersuchen
am Neuen Schloss

Pfingstmontag, auf der Schlossterrasse mit Jenaer Dixieland-Bands von vielen Gästen besucht wurde. Um die Verbundenheit der jüngsten Bürger mit den Schlössern zu fördern, finanzierte und organisierte der Verein 1999 sein erstes Ostereiersuchen im Schlosspark. Die Ostereierjagd am Schloss ist seither ein fester Termin im Jahresplan des Vereins und des Kindergartens. Die Weiterführung der Konzerte war bedauerlicherweise nicht möglich. Sie scheiterte an der für den Förderverein nicht zu verkraftenden Höhe der vom neuen Eigentümer geforderten Raummieten. Gemeinsam mit der Kirchengemeinde wurden zwei Hubertus-Messen in der Kirche durchgeführt.

Seit 2001 konzentrierte sich die Arbeit zunehmend auf andere Objekte des Schlossensembles. Im nun ebenfalls leer stehenden Alten Schloss werden in zweijährigem Rhythmus zum Tag des offenen Denkmals mit Unterstützung des Landratsamtes Multimedia-Führungen gestaltet. Eine weitere Veranstaltungsreihe etablierte sich erfolgreich im restaurierten Teehaus. In der Herbst- und Wintersaison lädt der Förderverein seit 2001 zu regionalgeschichtlichen Sonntags-Vorträgen ein. Anschließend ist bei Wein und Fettbrot jeweils Gelegenheit zum zwanglosen Gespräch. Inzwischen haben rund 1.400 Besucher 17 Veranstaltungen zur Geschichte des Hummelshainer Schlossensembles, der Region und des einstigen Landes Sachsen-Altenburg erlebt. Mehr als einmal reichten die 80 Stühle nicht aus und Vorträge mussten wiederholt werden. Seit 2005 ist Dr. Reiner Ehrig Vorsitzender des Hummelshainer Fördervereins. Eine neue Aktivität ist die Reihe "Ortstermin", bei der Vereinsmitglieder und Gäste jährlich ein Gebäude des Schlossensembles gemeinsam mit dessen Besitzern oder Nutzern vor Ort einer geschichtlichen Betrachtung unterziehen. Dem Ortstermin im Alten Forsthaus folgte 2006 der im Alten Gutshof und 2007 war das Grüne Haus am Rieseneck Stätte des Ortstermins Nr. 3. Daraus entstand der Gedanke, eine unterhaltsame historische Führung durch das Residenzdorf zu erarbeiten. Unter dem Titel "Wo Kaiser Wilhelm 47 Sauen schoss" erlebten zum Tag des offenen Denkmals 2006 mehr als 120 interessierte Teilnehmer die Premiere. Seither hat es mehrere Nachauflagen gegeben. Die Führung wurde vom Tourismusverband Saale-

Das Teehaus, eines der sanierten und sinnvoll genutzten Objekte des Schlossensembles

Mitglieder des Fördervereins Schloss Hummelshain.
Von links, hintere Reihe: Margrit Ehrig, Gundela Berthelmann, Peter Beerhold, Manfred Köthen, Hanna Ludwig, Dr. Rainer Berthelmann.
Vordere Reihe: Dr. Claudia Hohberg, Birgit Reich (Mitglied bis 2006), Renate Köthen, Rainer Hohberg, Dr. Reiner Ehrig.
Nicht im Bild: Dr. Gunther Aselmeyer, Gabi Claus, Helmut Ehni, Prof. Dr. Martin Heinze und Steffen Hilbert

Holzland gelistet und gehört zum offiziellen Tourismusangebot der Region. Gefragt bei Gästen und Touristen ist auch der vom Förderverein seit Jahren herausgegebene und aktualisierte Flyer "Hummelshain und seine Schlösser", der 2007 in 7. Auflage erschienen ist.

Obwohl aufgrund der überregionalen Bedeutung der Hummelshainer Schlösser viele Aktivitäten über den Ort hinaus reichen, ist dem Förderverein die Beteiligung an allen dörflichen Aktivitäten ein besonderes Anliegen. So wirkten die Mitglieder tatkräftig bei der 650-Jahr-Feier der Gemeinde und bei der Ausgestaltung der Dorf- und Vereinsfeste und anderen Aktivitäten mit. Um die Hummelshainer Dorfgeschichte lebendig zu erhalten, haben die Vereinsmitglieder Gundela und Dr. Rainer Berthelmann in ihrer Scheune das kleine "Tante Irma Museum" eingerichtet, für das die Bürger des Ortes bereits eine Vielzahl von Ausstellungsstücken bereitgestellt haben.

Gemäß seinem Statut gilt das Interesse des Fördervereins dem gesamten Schlossensemble. Neben den zahlreichen interessanten Neben- und Funktionsgebäuden des Residenzdorfes stehen die beiden Jagdschlösser dabei notwendigerweise im Mittelpunkt. Um das Neue Schloss als das herausragende Baudenkmal entsprechend in die Arbeit einbeziehen zu können, haben der Vorstand des Vereins und die Leitung der Alphasat GmbH im Oktober 2006 eine Kooperations-vereinbarung zur Verbesserung der Zusammenarbeit abgeschlossen.[185]

Die Schlösser – Problem und Chance der Dorfentwicklung

Die Beschreibung Hummelshains von 1547 als "ein Jagdhauß und Dorf daran" charakterisiert eine Jahrhunderte lang bestehende Besonderheit unseres Ortes: Das Dorf war in gewisser Weise Anhängsel des fürstlichen Jagd-hauses und der später daraus ent-stehenden Schlösser, deren domi-nierende Bedeutung für den Ort noch bis Anfang der 90er Jahre des 20. Jahrhunderts fortdauerte. Erst in jüngster Zeit hat sich die enge Wechselbeziehung aufgelöst. Inzwischen stehen die Schlösser leer. Sie sind keine Arbeitsstätten mehr und haben ihre Rolle als Impulsgeber des Dorflebens ver-loren. Aber sind sie nur noch ein Problem oder auch eine Chance künftiger Dorfentwicklung?

„Residenzdorf Hummelshain", Aquarell von Alexander Rudyi, 2000

Wie in fast allen Thüringer Dörfern ist die Bevölkerungsentwicklung in Hummelshain rückläufig. Damit einhergehend schwindet die kommunale Infra-struktur: Poststelle, Sparkassenfiliale, Ambulanz sind bereits weggefallen. Immerhin existieren noch eine Verkaufsstelle, der Kindergarten, zwei Gast-stätten, das Teehaus mit Kegelbahn, ein Jugendklub, neue Wohnsiedlung und aktives Vereinsleben. Mit fortschreitendem Bevölkerungsrückgang würden sich auch diese Faktoren dörflicher Lebensqualität langfristig nicht aufrechterhalten lassen.

Welche Chancen hat – unter den künftig nicht einfacheren wirtschaftlichen und demografischen Rahmenbedingungen – ein Ort wie Hummelshain, an Attraktivität zu gewinnen, damit junge Leute gern hier bleiben und weiterhin Neubürger zuziehen, damit Handwerk und Gewerbe verbesserte Start- und

Entwicklungsmöglichkeiten erhalten und künftige Investoren ein gutes Umfeld finden? Es ist anzunehmen, dass die Schlösser ihre frühere Funktion als dominierende Wegbereiter der dörflichen Entwicklung und Hauptarbeitgeber des Ortes nicht wieder erlangen können. Dennoch sollte ihre Existenz trotz aller derzeitigen Schwierigkeiten als eine einmalige Chance für diesen Ort gesehen werden. Denn die Schlösser sind für die dörfliche Entwicklung lebenswichtig als:

- *Imagefaktor für einen attraktiven Wohnort:* Schlösser und Parkanlagen können zum guten Ruf Hummelshains als attraktivem Wohnort mit guten Lebensbedingungen im Umfeld der prosperierenden Großstadt Jena beitragen. Jagd- und Sommerresidenz wurde der Ort nicht zuletzt dank seiner bevorzugten klimatischen Verhältnisse und seiner landschaftlich reizvollen Lage. Das sind auch heute wichtige Elemente von Lebensqualität.

- *Stätten der Kultur:* Dazu gehört, die öffentliche Nutzung der Schlösser auch in Zukunft zu sichern und gemeinsam mit den Eigentümern als Orte der Kultur, Bildung und Kommunikation zu nutzen, im Neuen Schloss auch künftig standesamtliche Trauungen durchzuführen, forstliche und jagdliche Traditionen zu pflegen, Feste zu feiern.

- *touristische Anziehungspunkte:* Fraglos können die Schlösser und das Schlossensemble auch touristisch stärker genutzt werden. Dabei ist zuerst an die bauliche Sicherung zu denken sowie an nachhaltige Nutzungskonzepte. Aber auch einfache Maßnahmen wie die kontinuierliche Erhaltung des Wanderwegenetzes, ein Angebot von qualifizierten Kulturlandschaftsführungen, das Anbringen von Tafeln mit historischen Erklärungen im Ortskern und das Einrichten eines markierten selbstführenden Rundgangs durch das Residenzdorf sind zweckmäßige Schritte.

- *Chance für Arbeit:* Schließlich bietet jede sinnvolle Nutzung der Schlösser und Parkanlagen auch Chancen auf direkte und indirekte Arbeitsplätze. In diesem Zusammenhang ist es die Aufgabe der kommunalen Verantwortungsträger aller Ebenen, weiter nach geeigneten Nutzungsmöglichkeiten und Nutzern für die noch leerstehenden Immobilien des Ensembles zu suchen.

Der Ort Hummelshain ist längst kein Anhängsel der Schlösser mehr; eher sind die derzeit ungenutzten Schlösser zu einem Anhängsel und Problem des Ortes geworden. Doch eines ist klar: Ob in zwanzig Jahren der Wind durch Schlossruinen pfeift oder ob es gemeinsam gelingen wird, die Schlösser zu erhalten und sinnvoll zu nutzen, wird die Entwicklung des Dorfes und die künftige Lebensqualität seiner Bürger nachhaltig beeinflussen.

Nachtrag: Am 14. September 2007 wurde das Alte Jagdschloss Hummelshain bei einer Immobilienauktion der M&A AG in Erfurt versteigert. Die Erwerberin plant, im Hauptgebäude des Schlosses ein Angebot für altersgerechtes Wohnen zu schaffen. Das Wirtschaftsgebäude soll zur Versorgung des Hauptgebäudes und als "kleines Schloss-Hotel" genutzt werden. Das Vorhaben ist als "soziales Projekt im weiteren Sinne" angelegt. Die Geschichte des Ortes und die landschaftlich reizvolle Umgebung sollen dabei durch interessante Events einbezogen und erlebbar gemacht werden.

Gundela und Rainer Berthelmann

Wanderwege rund um Hummelshain

Vom Ort Hummelshain gehen mehrere wunderschöne Wanderwege aus, die in die umliegenden Wälder und Täler führen. Ausgangspunkt aller Wanderungen können die große Informationstafel und der Wegweiser am Schlosspark sein. Sie stehen rechts vom Alten Schloss hinter der Bushaltestelle am Einkaufsmarkt. Hier sowie an den Ausfallstraßen finden Sie Parkplätze, neben denen ebenfalls Tafeln und Wegweiser aufgestellt sind.

Für die Wanderungen empfiehlt sich zu allen Jahreszeiten festeres Schuhwerk. Stöckelabsätze sind für die meisten Wege ungeeignet, Sandalen geben auf einigen Strecken zu wenig Halt. Die unten angegebenen ungefähren Wanderzeiten verstehen sich als reine Laufzeiten ohne Pausen. Auch empfiehlt es sich, auf einem Wanderweg von mehreren Stunden Essen und vor allem Trinken mitzunehmen. Außer auf dem Rundweg nach Langendembach sind unterwegs keine Einkehrmöglichkeiten. In unserem Dorf sorgen für Ihr leibliches Wohl die Gaststätten "Alt Hummelshain" und "Weidmanns Heil".

Herzlich willkommen in Hummelshain! Viel Freude und Entspannung auf Ihren Wanderungen!

Rundwanderweg Tiergarten – Welkenteich

Markierung: Gelber Kreis auf weißem Quadrat
Zeit: 2,5 bis 3,5 Stunden

Tiergarten heißt ein großes Waldstück nordöstlich von Hummelshain. In ihm wurde einst das herzogliche Rot- und Damwild gehalten, um es dem Residenten und seinen Gästen zum Abschuss zuzuführen. Auf Karten erkennt man die kerzengerade und rechtwinklige Führung der damaligen Gehegegrenzen. Noch 1923 berichtet ein Wanderführer von Resten des Gatters entlang der Straße nach Neustadt. Der etwa 10 km lange Rundwanderweg ist markiert durch einen gelben Kreis auf weißem Quadrat. Er führt von Hummelshain quer durch den ehemaligen Tiergarten, an den lauschigen Welkenteichen vorbei über die so genannte Messstrecke wieder zurück zum Dorf. Der Wanderweg besteht aus Wald- und Forstwegen, ist fast durchweg eben und je nach Laufgeschwindigkeit in 2,5 bis 3,5 Stunden zu schaffen.

Sie können Ihr Fahrzeug am Ortsausgang Hummelshain Richtung Trockenborn-Wolfersdorf parken. Gegenüber der Einfahrt zum Neuen Schloss steht das Gebäude der 1925 gegründeten Freiwilligen Feuerwehr des Dorfes. Direkt daneben befindet sich ein geräumiger, unbewachter Parkplatz. Von hier aus laufen Sie

zwar etwa einen halben Kilometer entlang der wenig befah-
renen Autostraße, haben aber
vielleicht das Glück, in Ruhe
dem links von der Straße in
einem großen Freigehege
gehaltenen Damwild beim Äsen
zuzusehen.
Wenn Sie sich das Laufen auf
der Straße ersparen möchten,
parken Sie ein Stück weiter auf

Damwild-Freigehege
Foto Berthelmann

dem Wanderparkplatz unmittelbar am Waldrand. Ein Wegweiser am Ortsausgang
Richtung Trockenborn-Wolfersdorf führt Sie auf den Rundwanderweg. Nach
einem kurzen Spaziergang neben oder auf dem ehemaligen herzoglichen Reitweg biegen Sie ungefähr 150 m hinter dem Waldparkplatz an der ersten
Kreuzung im Wald rechts ab. Die Kreuzstraße oder Blauenhainweg genannte
schmale Verbindung zwischen der Neustädter und der Trockenborner Straße ist
befestigt, doch löchrig. Deshalb Vorsicht beim Radfahren! Der Gang lohnt sich
aber, denn 200 m weiter kommt der idyllische Ruheplatz "Blauenhain" in Sicht.
In der Sonne gelegen, umgeben von Fichten und weiß-rindigen Birken, bieten
ein steinerner Tisch und Holzbänke die erste Gelegenheit zum Ausruhen.
Wenige Meter weiter biegt ein Pfad links in den Wald ab, der alte Stellungsweg.
Auf ihm halten Sie sich an der ersten Gabelung ebenfalls links. Sie wandern den
unbefestigten Waldweg zwischen hohen Fichten und dichter Naturverjüngung.
Im Frühjahr ist der Boden bedeckt von Blumen: blühendem Klee, Veilchen,
Himmelschlüsselchen und unzähligen Anemonen.
Nach etwa einem halben Kilometer kommen Sie an einem kleinen Block-
häuschen wieder auf die Trockenborner Straße. Diese überqueren Sie schräg
rechts, direkt in die Fortsetzung Ihres Wanderweges hinein, einen Reit- und
Forstweg, der von Nadelwald gesäumt ist. Nach etwa 500 m erreichen Sie den
Bärenkopf genannten Schlag. An dieser Stelle stehen riesige Buchen, unter
denen der Boden zentimeterdick von Bucheckern bedeckt und kaum noch
bewachsen ist. Die Buche ist mit 18% Flächenbewuchs der häufigste Laubbaum
im Waldbestand Thüringens. Sie nehmen nicht den geradeaus weiter laufenden
"Bärenkopfstreifen", sondern folgen leicht links dem Hauptweg. Er führt Sie in
vielen Windungen durch Hoch- und Niederwald.
Der Weg ist zu jeder Jahreszeit schön. Von Frühjahr bis Herbst ist er bekränzt von
Glocken- und Butterblumen, Tausendgüldenkraut, Schafgarbe, wilder Möhre und
vereinzelten Heidesträuchern. Hier stehen sehr viele, mitunter mannshohe
Tollkirschenstauden (Vorsicht, nicht essen! Die schwarzen Beeren und die ganze
Pflanze sind lebensgefährlich giftig!). Dafür verlocken Himbeeren, Brombeeren
und Walderdbeeren von Juni bis Herbst zum Pflücken. Auch Pilzfreunde finden
hier im Herbst so manche Überraschung: Champignons, Täublinge, Reizker,
Maronen und natürlich Steinpilze.
Nach 1 km hört Ihr Weg auf, Sie stoßen auf einen anderen Fahrweg, die Falken-
straße, der Sie nach rechts folgen. Sie führt etwa 300 m leicht bergan, kurz vor

Edel- oder Blutreizker
Foto Berthelmann

der Höhe erscheint rechts ein Lärchenhain, links ist wieder Hochwald. Und schon geht es wieder bergab bis zur Wolfersdorfer Straße, die sie queren und 300 m weiter abwärts in Richtung Welkenteiche laufen. An diesem Platz empfängt Sie vollkommene Stille. Die Straße ist weit genug entfernt, und das Baden ist heute verboten, wie übrigens auch das Angeln. Im Frühjahr hören Sie das Quaken der Frösche und Kröten, die man am Teichrand auch gut beobachten kann. Vielleicht sehen Sie auch eine Ringelnatter den Teich durchqueren. Im Herbst ist alles bunt von den hier wachsenden Laubbäumen.

Der Weg führt nun 400 m bergauf bis zur nächsten ausgeschilderten Wegekreuzung, an der Sie rechts abbiegen. Von hier aus sind es noch ungefähr 5 km bis zurück nach Hummelshain. Die sind allerdings sehr bequem auf dem gut befestigten, schnurgeraden Hartensteinstreifen zurückzulegen. Der Wald zu beiden Seiten wechselt von Fichten und Kiefern zu Buchen und Kastanien. Vielleicht verweilen Sie ein wenig an der Hartensteinwiese, einer 4 ha großen, früher durch Gräben entwässerten Äsefläche, die nicht betreten werden soll, um das Wild nicht zu stören. Nur ein kleines Stück weiter auf dem Weg liegt rechts verborgen im Wald der Kleine Welkenteich, wo Libellen, Schmetterlinge und andere Insekten zu beobachten sind.

Das letzte Wegstück der schnurgeraden Forsthauptstraße ist eine 1 km lange technische Messstrecke, die durch steinerne Messpunkte links des Weges angezeigt wird. Kurz bevor diese aufhört, biegt der Wanderweg kaum sichtbar rechts in den Wald ab. Sie können aber auch geradeaus weiter gehen bis zur Kreuzung, wo links die Straße nach Neustadt zu hören und zu sehen ist. Zuvor sind am rechten Straßenrand aber noch mehrere große Haufen der Roten Waldameise zu bewundern. Der Fahrweg biegt am Ende nach rechts ab und führt Sie wieder zum Parkplatz.

Rundwanderweg Rieseneck

Markierung: gelbes Kreuz auf weißem Quadrat
Zeit: 2 bis 3 Stunden

Das Rieseneck ist eine Anlage, die aus dem nach der Farbgebung so genannten Grünen Haus, einer steinernen Jagdanlage vom Anfang des 18. Jahrhunderts mit unterirdischen steinernen Pirschgängen (einer Seltenheit in

Europa!) und dem 1916 bis 1917 errichteten Herzogstuhl besteht. Der Komplex liegt westlich von Hummelshain und war Teil des herzoglichen Besitzes. Die Wanderung ist reichlich 6 km lang und führt den Wanderer zu den oben genannten Anlagen und wieder zum Ausgangspunkt zurück. Die Strecke ist auf dem Hinweg eben und sehr gut begehbar, der Rückweg auf schönen Waldwegen über den Lenzborn ist etwas anstrengender. Der in 2 bis 3 Stunden zu bewältigende Wanderweg ist mit einem gelben Kreuz auf weißem Quadrat markiert.

Ihre Wanderung beginnt an der Schautafel am Parkplatz neben dem Chausseehaus, das an der Kreuzung der Straße von Hummelshain nach Kahla und der von Freienorla heraufführenden Straße steht. Sie wandern am Waldrand entlang. Schon nach 300 m erreichen Sie den ersten herrlichen Ausblick an der Kanzel, von wo aus im Vordergrund das Dörfchen mit dem slawischen Namen Schmölln (Ortsteil von Hummelshain) und in der Ferne die von allen Seiten gut zu sehende Leuchtenburg zu bewundern sind. Der Weg ist im Frühjahr gesäumt von Anemonen, Immergrün, blühendem Klee und Tausenden von Buchenkeimlingen. Nach annähernd einem halben Kilometer, an einer wilden Parkstelle am Waldrand, biegen Sie nach links ab. Hier und später ist der Weg vorzüglich ausgeschildert, nach etwa einer Viertelstunde erreichen Sie das 1727 erbaute Grüne Haus. An dieser Stelle soll einst das Dorf Rieseneck gestanden haben.

Diesen Platz und die Jagdanlage verbindet eine idyllische Allee von Buchen und Birken, in deren Mitte ein Weg gekreuzt wird, der Sie, wenn Sie es möchten, direkt und kürzer zum Herzogstuhl führt. Die romantisch anmutende Jagdanlage begrüßt Sie mit einem kleinen Fachwerkhaus in der Mitte der imposanten Mauer, die den ehemaligen Futter- und Schießplatz umgibt. Es ist das so genannte Blasehaus. Hier wurde das Wild mit Hornzeichen zur Fütterung gerufen. Wenn Jagdzeit war, wurde geblasen, um das Wild vor die Büchsen der Jäger zu bringen.

Das Blasehaus der Jagdanlage
Foto Berthelmann

Ein Rundgang durch die unterirdischen Gänge mit ihren Beobachtungsscharten lohnt sich. Von der Jagdanlage führt links ein Weg zum 600 m entfernten, eingezäunten Herzogstuhl. Er ist während des Ersten Weltkriegs von Herzog Ernst II. als Refugium errichtet worden. Der turmartige Fachwerkbau mit sieben Stockwerken ist über eine Zugbrücke zu erreichen. Brautpaare und andere Interessanten können das Gebäude mit seinen winzigen Zimmerchen vom Freundeskreis Rieseneck e.V. in Kleineutersdorf anmieten.

Das Jagdschlösschen Herzogstuhl

Foto Berthelmann

Vom Herzogstuhl führt ein Fahrweg 100 m zurück zum ausgeschilderten Wanderweg. Durch einen wunderschönen Fichten- und Kiefernwald, gemischt mit Buchen (man kann auch im Frühjahr noch Bucheckern vom vergangenen Jahr naschen!), führt ein erst leicht und zum Schluss sehr steil abfallender, etwas beschwerlicher Pfad etwa 400 m hinab zum Lenzborn im Drehbachgrund. Er liegt an der Straße nach Freienorla und ist nach einem Sträfling benannt, der sich vor Zeiten nahe dieser Quelle versteckt gehalten haben soll. Bis aus Jena kommen Interessierte, die aus diesem Born das weiche Wasser schöpfen und abfüllen.

Vom Lenzborn wieder über die Straße zurück, gehen Sie der Markierung nach in rechter Richtung. Hier ist es feucht. Ein quirliger Ameisenhaufen, ein Frosch oder lärmende Eichelhäher können Ihre Aufmerksamkeit fesseln. Typische Feuchtbiotopflora und auch der Rote und der Weiße Fingerhut gedeihen hier prächtig. Nach ca. 300 m führt der Weg an einer Gabelung nach rechts, später auf einem schmalen, sonnigen Pfad unter Hochspannungsleitungen hindurch und biegt schließlich auf den Weg zu Ihrem Ausgangspunkt nach rechts ab. Sie sehen bald schon das Chausseehaus und wissen, dass die Rundwanderung zu Ende ist.

Rundwanderweg Siebshaus – Adelheidquelle

Markierung: Gelbes Dreieck auf weißem Quadrat
Zeit: ca. 3 Stunden

Das Siebshaus wurde früher unter anderem als Jagdhaus der in Stadtroda residierenden herzoglichen Prinzen genutzt. Es liegt idyllisch an einem Teich mitten im Wald nordöstlich von Hummelshain. Es dient heute noch gelegentlich zur Übernachtung für Forstleute und Sommerfrischler. Der etwa 10 km lange Rundwanderweg ist markiert durch ein gelbes Dreieck auf weißem Quadrat. Er führt von Hummelshain nördlich am 12 ha großen Schlosspark vorbei zunächst in den Leubengrund, von da zum Siebshaus und wieder zurück zum Dorf. Die teilweise befestigte Strecke besteht zum größten Teil aus Waldwegen, führt bergauf und bergab und ist je nach Laufgeschwindigkeit in etwa 3 Stunden zu schaffen.

Sie starten in der Dorfmitte und halten sich nördlich. Sie gehen ein kurzes Stück auf der Trockenborner Straße und wandern dann an der Toreinfahrt des Neuen Schlosses vorbei geradeaus entlang der Umzäunung des Schlossparks bis zu dessen Ende. Von dort können Sie den Rundweg entweder links herum oder rechts herum entlang der Schlossstraße wählen. Wir wandern mit Ihnen von dieser Stelle aus gerade weiter in den Wald hinein. Wenn Sie Glück haben, hören Sie im Mischwald bald den Specht klopfen, der sein Nest in einem Birkenstamm gebaut hat. Frühaufsteher hören vielleicht sogar den seltenen Birkhahn!

Zur Heidelbeerzeit begegnen Sie in diesem Wald bestimmt vielen fleißigen Beerenpflückerinnen. Ein wiesiger Waldweg führt Sie leicht bergab zum Borkenhäuschen, im Volksmund "Hexenhäuschen" genannt. Eine märchenhafte Lichtung lädt hier zum Verweilen ein. Entsprechend der Ausschilderung

Siebshaus
Foto Berthelmann

biegen Sie nach rechts ab. Bis zum Schwarzen Teich sind es noch etwa 2 km. An einer Gabelung wenden Sie sich nach links. Fichten, Lärchen, Kiefern und ab und zu eine gewaltige Solitärbuche spenden Ihnen Schatten. Die ganze Zeit über ist der Weg sanft, zum Schluss jedoch durch den Kalten Grund steil abfallend, aber immer gut begehbar.

Bald kommen Sie auf die breite Waldstraße im Leubengrund (ursprünglich Leim-, später Leibengrund), in dem einst fünf Mühlen standen. Die von hier zu sehende ist die Fiedler-Mühle, deren Anfänge ins frühe 17. Jahrhundert reichen. Entlang des Tals wurden früher viele Teiche für die Scheitholzflößerei angelegt. Von hier aus ging bis Mitte des 19. Jahrhunderts Scheitholz als Brennmaterial in die Region Leipzig-Halle.

Sie gehen nur wenige Meter nach links, um den Schwarzen Teich herum. Er hat seinen Namen vom einst hier betriebenen Pechofen. Die Stelle, an der er stand, ist noch heute am schwarz verfärbten Hang zu erkennen. Der Teich verlockt, wie es an vielen anderen Fischteichen in unserer Region ebenso der Fall ist, die

Walderdbeeren
am Wegesrand
Foto Berthelmann

Graureiher zum "Wildern". Wenn Sie in die Wipfel der umliegenden Bäume schauen, können Sie vielleicht diese scheuen Vögel entdecken. Hinter dem Teich rechts geht es den Katzgraben hinauf in hohen Fichtenwald. Diese Forststraße hatte früher einen Klöppelbelag aus quer zur Fahrtrichtung verlegtem Rundholz. Heute existieren nur noch sehr wenige derartig befestigte Waldwege.

Sobald Sie den Kammweg erreichen, die befahrbare Siebenlindenstraße (so genannt nach einem Waldschlag), wenden Sie sich nach rechts zur "Katzwiese". Dieser Name deutet auf eine mit

Gras bewachsene Lichtung hin. Heute ist diese Stelle jedoch aufgeforstet. Ein kurzes Stück bergan bietet sich ein umfriedeter, schattiger Sitzplatz zu einer Rast an. Der Abfuhrweg fällt durch eine vielfältige Bepflanzung auf: Traubenkirsche, Schneeball, Kastanie und sehenswerte Sträucher und Stauden. Nach 400 m bergauf weist Ihnen das Schild den Weg nach rechts durch einen Ahorn- und Eichenwald zum Siebshaus, von wo aus es noch 5 km zurück zum Ausgangspunkt Ihrer Wanderung sind.

Die schön gelegene Lichtung am Siebshaus mit dem Siebsteich ist umgeben von alten Eichen, Buchen und Kastanien, unter denen die Früchte des Waldes gesammelt werden können. Kinder und Erwachsene haben auch viel Spaß, wenn die reifen Früchte des überall üppig wachsenden Springkrauts bei der geringsten Berührung explodieren. Der Pilzinteressierte kann mit Glück sogar den seltenen Leberpilz entdecken.

Dann geht es weiter zur 1 km entfernten Adelheidquelle, benannt nach der Gattin von Herzog Ernst II. Der kurze Pfad dorthin zweigt vom Buschengraben ab, einem schönen Grasweg. Lärchen lassen hier Goldröhrlinge wachsen, Butterpilze sind keine Seltenheit, und sogar Pfifferlinge leuchten Ihnen entgegen. Nachdem Sie in den Buchenwald gekommen sind, wird das Gehen etwas unbequem. Der Weg ist aber leicht abschüssig und führt Sie rasch zum Forellenteich im Grund dieses Tals. Hier stoßen Sie auf die Waldstraße, die Sie – scharf links abbiegend und zunächst steil aufwärts führend – über die Schlossstraße zum Schlosspark zurück führt. Sobald Sie dessen Zaun sehen und Ihren Hinweg erkennen, biegen Sie links ab und sehen schon bald das Dorf Hummelshain.

Rundwanderweg Lindenbusch – Würzbachgrund

Markierung: Grüner Balken auf weißem Quadrat
Zeit: ca. 3 Stunden

> Der Würzbach soll seinen Namen nach der Vielfalt der Kräuter haben, die hier einst wuchsen. Der von mehreren Quellen gespeiste Bach fließt aus dem Dorfteich heraus und führt von Hummelshain ins Orlatal. Der etwa 8 km lange Rundwanderweg verläuft – immer im Wald – zur Hälfte leicht bergab in den Grund hinein, dann nach links aufsteigend und auf ebener Strecke ins Dorf zurück. Der Weg ist markiert durch einen grünen Balken auf weißem Quadrat und in etwa drei Stunden zu erwandern.

Die Wanderung beginnt in der Dorfmitte, unterhalb der Ende des 19. Jahrhunderts an Stelle eines Vorgängerbaus errichteten Kirche. Ihr über 500 Jahre alter Schnitzaltar ist sehr sehenswert. Von da gehen Sie durch die Gasse "Am Alten Forsthaus", vorbei an der Gaststätte "Weidmannsheil", den Mühlweg entlang und folgen dann der Ausschilderung geradeaus. Noch im Dorfgebiet sehen Sie links den ersten einer ganzen Reihe von Fischteichen im Würzbachgrund. Hier werden vor allem Karpfen, aber auch Schleie und einige Hechte gehalten. Dort wo der Wald beginnt, am "Haus Würzbach", dem Standort der ehemaligen Würzbachmühle, überqueren Sie den Bach und laufen auf einer schönen Waldstrecke ins Tal hinein. Am Wegesrand erfreuen Sie im Frühjahr Immergrün, blühender Klee und hin und wieder ein stark duftender, aber giftiger (!) Seidelbast. Bis zur Blockhütte an den Sieben Quellen sind es etwa 3 km. Eine der Quellen ist 1991 gefasst worden und spendet kühles, wohlschmeckendes Nass.

Nur 200 m weiter biegt der Rundwanderweg links ab. Empfehlenswert ist es jedoch, einen Abstecher zur etwa 300 m weiter geradeaus befindlichen Wüsten Kirche zu unternehmen. Hier soll einst ein Dorf gestanden haben. Die Grundmauern der Kirche wurden 1860 frei gelegt. Schon vorher war hier der Sage nach eine Glocke gefunden worden, die in die Schmöllner Kirche überführt worden sein soll. Am in Stein gefassten Altar wird nach einem alten Brauch alljährlich am Pfingstmontag ein Gottesdienst abgehalten.

Wenn Sie zum Wegweiser zurückgegangen sind, nehmen Sie den langen Anstieg durch das Pechtal in der "Pfalz" genannten Flur in Angriff. Auf diesem Weg grüßen Sie viele stattliche, aber giftige Exemplare des Fingerhuts (Digitalis). Alte Buchen und Fichten spenden Schatten und lassen Farn und Schachtelhalm wachsen. Nach etwa 800 m biegt der Rundwanderweg rechts ab, auf einen steilen Anstieg. Er führt Sie nach etwa 1 km am Lindenbusch vorbei über einen Teil des Grenzweges zurück ins Dorf.

▲ *Wüste Kirche*
Foto Berthelmann

Weiher im Pechtal
▼ *Foto Berthelmann*

Wollen Sie diese längere Route nicht nehmen, dann empfiehlt es sich, das Pechtal weiter hinauf zu steigen. Schon 300 m nach dem Abzweig über den Lindenbusch erwartet Sie ein kleiner Waldteich. Hier lädt ein Sitzplatz zum Picknick ein. In der Stille können Sie Vögeln lauschen und Schmetterlinge wie Tagpfauenauge, Waldbrettspiel, Trauermantel, Aurorafalter und Zitronenfalter beobachten. Das Ende des nun steil ansteigenden Pechtals bildet nach 400 m die Kreuzung Schwenen. Jetzt liegen noch reichlich 3 km vor Ihnen. Schon von weitem sehen Sie die herrliche Birken-

allee, die Sie nun beschreiten werden. Sobald sie zu Ende ist, biegt von rechts wieder der Rundwanderweg ein. Nachdem Sie die breite Schneise der Hochspannungsleitung passiert haben, treten Sie aus dem Wald heraus. Das Dorf Hummelshain mit dem Schloss liegt malerisch vor Ihnen. Der Wanderweg führt Sie am Waldrand links durch die idyllische Seufzerallee. Sie können aber auch der asphaltierten Straße geradeaus folgen, die Sie am Bikerpark, dem Jugendklub und dem Sportplatz vorbei ebenfalls ins Dorf bringt.

Rundwanderweg Wüstung Welkenroda – Grenzweg

Markierung: Grüner Kreis auf weißem Quadrat
Zeit: ca. 4 Stunden

Welkenroda ist eine Wüstung im Wald zwischen Hummelshain und Lichtenau. Ein steinerner Altar mit Holzkreuz kennzeichnet den Standort der einstigen Dorfkirche. Als "Wüste Kirche" war sie 1840 noch teilweise erhalten, wurde aber im Laufe der Zeit abgetragen und in den umliegenden Orten als Baumaterial verwendet. Der reichlich 10 km lange Rundwanderweg ist markiert durch einen grünen Kreis auf weißem Quadrat. Er führt von Hummelshain steil hinab bis auf die Straße nach Langendembach, dann über wunderschöne Waldwege zur Wüstung Welkenroda und schließlich auf dem Grenzweg zurück zum Ausgangspunkt. Die Strecke ist in ca. 4 Stunden zu schaffen.

Blockhütte am Zigeuner
Foto Berthelmann

Vom Dorfteich gehen Sie 1 km in südlicher Richtung die Hohle genannte Straße hinauf, dann auf dem im Volksmund als "Zigeuner" bezeichneten Feldweg an Gärten und Feldern vorbei in den Wald hinein bis zur Kreuzung am Blockhaus. Ein großer Grenzstein von 1730 (Nummer 470) zeigt Ihnen an, wo Sie am Ende Ihrer Wanderung wieder ankommen werden.

Zunächst folgen Sie jedoch dem Schild "Zigeunertanne" und halten sich schräg rechts. Bis Welkenroda sind es von hier knapp 4 km. Der grasige Weg ist gut begehbar. Nach etwa 400 m geht es links bergab durch hohen Fichtenwald. Ihr Weg mündet hier wieder in den Grenzweg, der durch mehrere Steine, darunter einen G. W. 1671, markiert ist. Nach wenigen Metern erreichen Sie einen Wegweiser mit Bank, von wo es nach rechts weiter geht. Der Grenzweg führt dann eigentlich durch einen Hohlweg. Er ist aber mit der Zeit so schlecht begehbar geworden, dass wir empfehlen, den ziemlich scharf abfallenden Weg rechts davon entlang der Einzäunung zu benutzen und bis zum Grenzstein 465 kurz vor der Straße nach Langendembach zu gehen, wo er wieder auf die Hohle trifft. Sie sind jetzt reichlich 2 km von Hummelshain entfernt und befinden sich am Standort "Zigeuner" (Wegweiser!). Leider steht die große alte Tanne schon seit Jahren nicht mehr.

Einen halben Kilometer weiter rechts liegt Langendembach, Sie aber wenden sich nach links und folgen der Hauptstraße für nur 300 m bis zum Wegweiser nach Welkenroda (2,9 km). Der Waldweg geleitet Sie von der Straße halbrechts in einen schattigen, kühlen, etwas feuchten Grund. Parallel fließt rechts ein Bach, der sich oft ausbreitet und Tieren wie Wildschweinen und Rehen Erquickung bietet, worauf zahlreiche Tierspuren auf dem feuchten Boden hindeuten. An der nächsten Waldkreuzung gehen Sie den ehemals gepflasterten Weg weiter geradeaus. Wenn Sie von der Zigeunertanne etwa 2 km hinter sich gebracht haben, dann biegen Sie nach dem Wegweiser rechts zur 1 km entfernten Wüstung Welkenroda ab. Ein hübscher, gut zu laufender Gänseblumenweg führt leicht bergan, vorbei an einem stillen Weiher und wahren "Feldern" von Heidelbeersträuchern.

Am Ende des Anstiegs liegt Welkenroda versteckt im Wald. Erstmals 1320 erwähnt, soll der heute verschwundene Ort im Dreißigjährigen Krieg geplündert, gebrandschatzt und von der Pest heimgesucht worden sein. Ein 1923 gesetzter Gedenkstein erinnert an den 75. Geburtstag von Christian Kraft Fürst zu Hohenlohe-Oehringen, der in Oppurg begütert war.

Nur 100 m weiter betreten Sie den Abfuhrweg, an dessen Kreuzung ein alter Meilenstein darauf hindeutet, dass hier einmal eine mittelalterliche Verbindungsstraße gewesen sein muss. Tatsächlich befindet sich unweit die Hohe Straße, einst ein viel befahrener Handelsweg zwischen Leipzig und Nürnberg. Sie halten sich links und laufen etwa 1 km bis zur Straße zwischen Hummelshain und Neustadt. Auf dem letzten Wegweiser vor der Straße ist der Wanderweg nach links ausgeschildert. Der herrlich nach Fichten, Kiefern und Blumen duftende Grenzweg ist nun Ihr Begleiter bis fast ins Dorf zurück (5 km).

Grenzstein am historischen Grenzweg
Foto Berthelmann

Große Grenzsteine mit der Jahreszahl 1730 erinnern daran, dass hier einst die Landesgrenze zwischen dem Herzogtum Sachsen-Altenburg und dem Großherzogtum Sachsen-Weimar-Eisenach verlief. Seit 1994 wandern die Einwohner von Hummelshain und Trockenborn-Wolfersdorf alljährlich am Sonnabend nach Himmelfahrt 7 km des in unserem Gebiet ca. 10 km langen historischen Grenzweges ab (rot markierter Wanderweg). Die Strecke wurde 1993 bis 1997 als ABM-Maßnahme von den Gemeinden beider Orte in Stand gesetzt. Bemerkenswert sind

die zum Teil sehr gut erhaltenen Grenzsteine mit den sächsischen und kurfürstlichen Wappen: die gekreuzten Schwerter aus Meißen von ernestinischer und das sächsische Bindenschild mit Rautenkranz von albertinischer Seite. Der Grenzweg quert die Waldstraße nach Langendembach nach etwa 2,5 km. Geradeaus kommen Sie nun auf einen staubigen, aber kurzen Abfuhrweg, der Sie zum Blockhaus am Ende des Zigeunerweges zurück bringt. Von hier aus haben Sie bis zur Dorfmitte nur noch knapp einen Kilometer vor sich.

Rundwanderweg
Ulrichstal – Langendembach – Töltsche

Markierung: Gelber Balken auf weißem Quadrat
Zeit: 3,5 bis 4,5 Stunden

> Langendembach ist ein lang gestrecktes Dorf in einem Seitental der Straße zwischen Orlamünde und Pößneck. Die Wanderung dahin lohnt sich nicht nur des Weges halber, sondern auch um das hübsche Dorf zu besichtigen. Der reichlich 9 km lange Rundwanderweg ist markiert durch einen gelben Balken auf weißem Quadrat. Er führt immer durch den Wald: von Hummelshain steil hinab an das obere Ende von Langendembach und an seinem unteren Ende wieder zurück nach Hummelshain. Die Strecke ist in 3,5 bis 4,5 Stunden zu schaffen.

Sie verlassen Hummelshain vom Alten Schloss ausgehend in Richtung Süden, gehen vorbei am Dorfteich, durch die Hohle und wenden sich am Wegweiser unter der Linde nach rechts. Gleich nach dem Jugendklub und dem Bikerpark weist ein Schild nach links zur 500 m entfernten so genannten Fliehburg. Es handelt sich um die Überreste einer mittelalterlichen Befestigung, die den Namen "Alte Kirche" trägt. Ursprünglich befand sich hier ein Turmhügel mit kreisförmig umlaufendem Wall und Graben, dem Typ nach eine kleine Burganlage des niederen Adels.[186] Im Nordwesten wurde die Anlage durch die Waldnutzung gestört; Wall- und Grabenreste haben deshalb heute eine sichelartige Form.

Der gelb markierte Pfad führt Sie auf einem Waldweg zum breiten Fahrweg (Grenzweg). Sie überqueren ihn am Wegweiser, der Ihnen Langendembach in 1,2 km Entfernung ankündigt. Ein schmaler Pfad schlängelt sich hinab durch das helle Ulrichstal, bis Sie zum neu angelegten Rückweg der Forstarbeiter gelangen. Zwischen Hainbuchen und Birken laufen Sie unter der Hochspannungsleitung hindurch. Dort führte der Rundweg früher geradeaus durch eine Hohle ins Dorf. Dieser Wanderpfad, obwohl ausgeschildert, ist heute nicht mehr begehbar. Sie bleiben auf dem Fahrweg und gelangen nach 300 bis 400 m direkt an den Ortsanfang.

Von nun an durchlaufen Sie auf glatter Schwarzdecke das 2,9 km lange, schön erneuerte Dorf. Fast in seiner Mitte können Sie sich am klaren Wasser der Dorfquelle laben. Links ist der Mariengrund ausgeschildert, rechts erwartet

Sie nach 100 m das Gasthaus "Zum Grünen Wald". Unter Schatten spendenden Kastanienbäumen kann man hier rustikal speisen. Dann geht es weiter bis zum Dorfende. Links hinter der Bushaltestelle liegt der Pulverteich. Sie biegen aber rechts ab in die Töltsche. Von hier sind es bis Hummelshain knapp 5 km.

Das schöne Tal, das Sie nun hinaufwandern, wird übrigens auch als Tötsche bezeichnet. Wie dem auch sei, die Einheimischen nennen es ohnehin Tetsche. Der vor Ihnen liegende, mäßig ansteigende Weg ist wunderschön. Teiche, Bäche und Wiesen gehen in Fichtenwälder unterschiedlichen Alters über, die im Unterstand dicht bewachsen sind. Später nehmen Kiefern immer mehr zu und die Landschaft nimmt Heidecharakter an. Es duftet nach Blüten, Harz und frischem Holz. Vom Pulverteich bis zum oberen Ende der Töltsche sind es 2,6 km. Dort erwartet Sie unter einer großen alten Buche eine nach dem steilen letzten Anstieg sehr willkommene Bank. Sie biegen nun 90 Grad nach links auf einen sandigen, von Kiefernnadeln bedeckten Weg ab. Schon 60 m weiter macht ein gelber Balken an einer 5 m rechts stehenden Kiefer Sie darauf aufmerksam, dass hier ein schmaler Fußpfad den Rundwanderweg fortsetzt. Er ist nicht einfach zu finden und sehr schmal. Sie können deshalb auch auf dem zweispurigen Sandweg bleiben, bis Sie an seinem Ende auf eine breitere Forststraße gelangen. Hier biegt der Grenzweg, dem Sie bereits eine Weile gefolgt sind, nach links ab. Sie wenden sich jedoch nach rechts und finden auf dieser Straße schnell zurück ins Dorf.

Wintersonntag
Foto Berthelmann

Anmerkungen

[1] Werner, Ernst und Weigel, Heinrich, S. 218.

[2] Mania, Dietrich und Walter, S. 40 f.

[3] Auerbach, Alfred, S. 159.

[4] vgl. Pfannenschmidt, Helmut, S. 100.

[5] Dobenecker, Reg. dipl. I, 191.

[6] Angaben aus obiger Urkunde wiedergegeben nach Lommer, Victor. Beiträge, S. 192 ff.

[7] Eine Übersetzung dieser aus Anlass der erneuten Weihe der Orlamünder Kirche am 16. Januar 1194 erstellten Urkunde findet sich in: 800 Jahre Kirche St. Marien, S. 15 ff.

[8] vgl. Löbe, D. J. und E., S. 565.

[9] Rosenkranz, Heinz, S. 33 (Rosenkranz zieht auch den Vornamen Hunebold in Erwägung).

[10] Als Flurname in Hummelshain kommt in den Jahrrechnungen des Amtes Leuchtenburg im 16. und 17. Jahrhundert mehrfach "Hummelswiese" und "Hommelwiese" vor.

[11] Nachzulesen in: Lippert, Woldemar und Beschorner, Hans, S. 218.

[12] Vgl. Träger, Rudolf, S. 54.

[13] Aus dem "Mandat des Herzogs Johann Philipp vom 5. Juli 1619", siehe Lommer, Victor: Beiträge, S. 210.

[14] Stapff, Ilse-Sybille, S. 11.

[15] Angabe nach Lange, Peter, Vortrag zur Jagdgeschichte.

[16] In einem Brief aus Hummelshain vom 24. Dezember 1519 ermahnt er seinen Sohn Johann Friedrich, während des Festes zum heiligen Sakrament zu gehen. Nachzulesen in: Mentz, Georg, S. 96.

[17] ThStA Altenburg, Finanzrechnungsarchiv 13 XI Nr. 20.

[18] ThStA Altenburg, Finanzrechnungsarchiv 13 XI Nr. 22.

[19] Zit. nach: Das Jagdschloss "Fröhliche Wiederkunft", S. 6.

[20] Zit. nach: Lommer, Victor: Aus jagdfroher Zeit, S. 3.

[21] Ebenda, S. 9.

[22] Brief vom 16. September 1539 an den englischen Gesandten und Brief vom 14. September 1545 an Landgraf Philipp. Nachzulesen in: Mentz, Georg, S. 437 und 531.

[23] Lommer, Victor: Beiträge, S. 240 f.

[24] Kirchenchronik Hummelshain, zit. nach Sparsbrod, Hermann (Manuskript).

[25] Nach der in Arbeit befindlichen Untersuchung von Jens Hild.

[26] Der "Prospect daß Fürstl: Jagdhauses Hummelshayn" von Joseph de Montalegre aus der Zeit um 1750 ist topografisch nicht sehr zuverlässig.

[27] Waehler, Martin, S. 71.

[28] Vgl. Laß, Heiko, S. 314.

[29] Lommer, Victor: Beiträge, S. 241.

[30] Ebenda, S. 210.

[31] Vgl. Lommer, Victor: Aus jagdfroher Zeit, S. 30, Waehler, Martin, S. 71, Laß, Heiko, S. 314.

[32] Jens Hild (Großeutersdorf) arbeitete an einer umfassenden Publikation zur Jagdanlage Rieseneck.

[33] Siehe Artikel "Brunft-Platz", in: Krünitz, J. G.

[34] Lemke, Karl: Jagd, S. 88.

[35] Siehe Röber, S. 13.

[36] Nach einem Hinweis von Jens Hild hieß er eigentlich Hans Otto und war ursprünglich als Köhler tätig, woraus sich sein später gebräuchlicher Name ergab. Das bedarf der weiteren Klärung.

[37] Lommer, Victor: Beiträge, S. 264 ff.

[38] In der Jagdausstellung des Museums Leuchtenburg.

[39] ThStA Altenburg, Karten- und Plansammlung, Nr. 4824.

[40] Lommer, Victor: Aus jagdfroher Zeit, S. 20.

[41] Ebenda, S. 56.

[42] Löbe, D. J. und E., S. 568.

[43] Vgl. Lommer, Victor: Beiträge, S. 258.

[44] ThStA Altenburg, Finanzrechnungsarchiv, Abt. 13, Repos. XI, Nr. 138.

[45] Vermutlich 1619/20 gebaut; in der entsprechenden Jahrrechnung des Amtes Leuchtenburg werden Forstmeisterwohnung und neuer Bau zu Hummelshain für 469 Gulden erwähnt. (ThStA Altenburg, Finanzrechnungsarchiv 13 XI Nr. 97).

[46] TtStA Altenburg, Forstamt Hummelshain Loc. 102, Nr. 2, unpag.

[46a] Ebenda.

[46b] ThStAA, Finanzrechnungsarchiv 13 XI, Nr. 144, Bl. 95.

[47] Vgl. Friedrich I. von Sachsen-Gotha, Tagebücher 1667–1686.

[48] Lommer, Victor: Aus jagdfroher Zeit, S. 42.

[49] Lehfeldt, Paul, S. 102.

[50] Siehe Altenburg, S. 49.

[51] Lommer, Victor: Beiträge, S. 385.

[52] ThStA Altenburg, Karten- und Plansammlung Nr. 3767–13.

[53] ThStA Altenburg, Domänenfideikommiss, B XII, Nr. 25.

[54] ThStA Altenburg, Karten- und Plansammlung Nr. 3767–13.

[55] ThStA Altenburg, Finanzrechnungsarchiv 13 XI Nr. 20 und Nr. 22.

[56] Siehe Stapff, Ilse-Sybille, S. 69 ff.

[57] Vgl. Haine, Heiko, S. 296 f.

[58] Vgl. Röber, S. 16 ff.

[59] Zitate aus Kügelgen, Wilhelm von, S. 178.

[60] "… eine Art Feld=Hüter, welche der Fährte kundig sind, und im Winter mit kreisen gehen müssen. Wo nähmlich die Reviere etwas weitläuftig sind, zumahl wo es Wölfe und Sauen gibt, oder die Jagden sonst stark getrieben werden, da werden Leute gehalten, welche sowohl bey der Vorsuche, als auch Kreise und bey dem Jagen selbst mit gebraucht werden, und den Nahmen Kreiser führen." Siehe Krünitz, J. G., Stichwort "Kreiser".

[61] Röber, S. 21.

[62] Er war der Schwiegervater Friedrich Schillers.

[63] Vgl. Lommer, Victor: Beiträge, S. 431.

[64] Eine neue Ausgabe, herausgegeben von Lothar Dunsch, ist 2006 im Hellerau-Verlag erschienen.

[65] Vgl. Hetzer, Eberhard, S. 212 ff.

[66] Goethe, Johann Wolfgang: Tagebücher, 1, S. 483.

[67] Briefe an Goethe, Gesamtausgabe in Regestform 1764–1817, Regestnummer 7/561.

[68] Lommer, Victor: Beiträge, S. 414 f.

[69] Lommer, Victor: Aus jagdfroher Zeit, S. 20 ff.

[70] Ebenda, S. 19.

[71] 40 Tage nach Weihnachten.

[72] Siehe Geschichte Thüringens, Bd. 5/1, S. 697 ff.

[73] Vgl. Röber, S. 20.

[74] Lommer, Victor: Beiträge, S. 439.

[75] Röber, S. 20.

[76] Frommelt, Moritz Theodor, S. 235.

[77] Kügelgen, Wilhelm von, S. 178.

[78] Nach dem Inventarium von 1811, ThStA Altenburg, Repos. B. XII 25.

[79] Ehrig, Reiner, Über das "Alte Gut".

[80] Lommer, Victor: Beiträge, S. 439 f.

[81] ThStA Altenburg, Karten- und Plansammlung, Nr. 5444.

[82] ThStA Altenburg, Dömänenfideikommiss, Repos. B. XIV.9.

[83] Schröder, Ulrike, S. 89.

[84] Ebenda, S. 90.

[85] Siehe Geschichte Thüringens. Bd. 5/2, S. 66.

[86] Vgl. Das Jagdschloss "Fröhliche Wiederkunft", S. 20.

[87] Siehe Geschichte Thüringens, Bd. 5/2, S. 130 ff.

[89] Löbe, D. J. und E., S. 569 f.

[90] Schwerdt, H. von, S. 134.

[91] Die Ausführungen dieses Kapitels folgen größtenteils Ulrike Schröder.

[92] Siehe Geschichte Thüringens. Bd. 5/2, S. 130 ff.

[93] Vgl. ThStA, Herzogliches Hofbauamt, Nr. 647. Gutachten vom 14. 09. 1874.

[94] Siehe Sander, Oliver.

[95] Siehe Schröder, Ulrike, S. 32 ff.

[96] Siehe ebenda, S. 30 ff.

[97] Das berichten Ihne & Stegmüller in ihrem einleitenden Beitrag in: Silber, O. H. Paul.

[98] Siehe ebenda, S. 34.

[99] Lucke, Bertram, S. 436.

[100] Handbuch für den Königlich Preußischen Hof und Staat, S. 24.

[101] Zit. nach Lucke, Bertram, S. 436.

[102] Die Beschreibung der äußeren Gestalt und der Innengestaltung folgt weitgehend Ulrike Schröder.

[103] Die Darstellung folgt Aselmeyer, Gunther, S. 3 ff.

[104] Vgl. ThStA Altenburg, Herzogliches Hofbauamt Nr. 653, Angebot vom 14. November 1881, Zitiert in Schröder, Ulrike, S. 50.

[105] Ostthüringer Zeitung vom 05. 08. 2005.

[106] Schröder, Ulrike, S. 50.

[107] Mitteilung an die Autoren vom 08. 05. 2007.

[108] Schröder, Ulrike, S. 50.

[109] Mitteilung an die Autoren vom 08.05.2007.

[110] ThStA Altenburg, Haus und Privatarchiv, Nr. 283.

[111] Vgl. Schröder, Ulrike, S. 91. Die Autorin konnte für ihre Arbeit ein von Michael Rohde erarbeitetes umfangreiches Gutachten über die Hummelshainer Parkanlage nutzen.

[112] Lucke, Bertram, S. 436.

[113] Zit. nach Schröder, Ulrike, S. 104.

[114] Ebenda.

[115] Vgl. Dehio, Georg, S. 629.

[116] Lucke, Bertram, S. 436.

[117] Vgl. Badstübner, Ernst, S. 194.

[118] Laudatio zur Verleihung des "Schwarzen Schafes der Denkmalpflege 2006" vom 05.09.2006.

[119] Ortsbeschreibung um 1885 ohne Quellenangabe.

[120] Vgl. Gillmeister, Uwe, S. 13ff.

[121] Ortschronik von Hummelshain.

[122] Die Ortschronik von Hummelshain nennt als Datum den 19. Dezember; eine in der Ortschronik zitierte Kahler Chronik jedoch den 1. Dezember (veröffentlicht von Gerhard Engelmann in den "Kahlaer Nachrichten" vom 17.02.1995).

[123] Lommer, Victor: Aus jagdfroher Zeit, S. 63ff.

[124] Schroedel, Hermann, S. 30.

[125] Vgl. 800 Jahre Schmölln, Chronik.

[126] Lehfeldt, Paul, S. 101.

[127] Vgl. Sparsbrod, Hermann, S. 32.

[128] Ebenda.

[129] Zit. nach. Ortschronik von Hummelshain.

[130] Schoeppl, Heinrich Ferdinand, S. 205.

[131] Vgl. Gillmeister, Uwe, S. 24.

[132] Zit. nach ebenda.

[133] Zit. nach Schroedel, Hermann, S. 38.

[134] http://de.wikipedia.org/wiki/Ernst_II._(Sachsen-Altenburg).

[135] Vgl. Gillmeister, Uwe, S. 29.

[136] Vgl. ebenda, S. 14.

[137] Zit. nach Schröder, Ulrike, S. 114.

[138] Gillmeister, Uwe, S. 50.

[139] Ebenda, S. 26f.

[140] Chronik von Hummelshain.

[141] Gillmeister, Uwe, S. 43.

[142] ThStA Altenburg, Bauamtsarchiv Nr. 669, Hofbauamt.

[143] Vgl. Gillmeister, Uwe, S. 57.

[144] http://www.janinehercher.de/BauHerzog.htm.

[145] Gillmeister, Uwe, S. 57.

[146] Chronik von Hummelshain.

[147] Gillmeister, Uwe, S. 63.

[148] Ebenda.

[149] Siehe Geschichte Thüringens, Bd, 5/2, S. 486 ff.

[150] Vgl. Gillmeister, Uwe, S. 66.

[151] Ebenda, S. 67.

[152] Vgl. Cahlaisches Nachrichtenblatt vom 21. März 1930.

[153] Siehe Geschichte Thüringens, Bd. 5/2, S. 492.

[154] Siehe Gillmeister, Uwe, S. 102 f.

[155] http://de.wikipedia.org/wiki/Ernst_II._(Sachsen-Altenburg).

[156] Siehe Reimers, Bettina Irina, S. 474–490.

[157] Nach Sparsbrod, Hermann, S. 56.

[158] Kahlaer Tageblatt vom 17. September 1920.

[159] Zitiert nach Sparsbrod, Hermann (Manuskript).

[160] Michligk, Paul, S. 73.

[161] Vgl. http://www.walpersberg.de/cms/de/Geschichte-Betriebskrankenhaus.

[162] Siehe Lange, Horst, S. 82 ff.

[163] Siehe Möller, Günther, S. 57.

[164] Chronik von Hummelshain.

[165] Siehe Kammer, Andrea.

[166] Thüringer Tageblatt vom 30.06.1949 und Neue Zeit vom 30.06.1949.

[167] Siehe Porzelliner Echo, 30. Jg., Nr. 8 vom Juni 1987, Sonderausgabe.

[168] Biographie von Rudi Weise.

[169] Brief Harry Naujecks.

[170] Heimordnung des Jugendwerkhofes.

[171] Biographie von Studienrat Volker Enders.

[172] http://forum.ehemaligehummelshainer.de

[173] Ostthüringer Zeitung vom 22.05.2007.

[174] Mitteilung von Dr.-Ing. Ulrich Seelig vom 16.05.2007 an die Verfasser.

[175] Vgl. Ostthüringer Zeitung vom 24.02.1993.

[176] Ebenda.

[177] Vgl. Ostthüringer Zeitung vom 22.07.1994.

[178] Vgl. Ostthüringer Zeitung vom 12.12.1996.

[179] Allgemeiner Anzeiger Jena vom 12.08.1998.

[180] Vgl. Ostthüringer Zeitung vom 17.12.1998.

[181] Siehe Schröder, Ulrike, S. 56.

[182] Mitteilung von Dr.-Ing. Ulrich Seelig vom 16.05.2007 an die Verfasser.

[183] Chronik von Hummelshain.

[184] Satzung des Fördervereins Schloss Hummelshain e.V. vom 17.06.1998, Par. 2.

[185] Vgl. Ostthüringer Zeitung vom 04.10.2006.

[186] Vgl. Archäologischer Wanderführer Thüringen, Heft 8, Hrsg. von Sven Osteritz, Landesamt für Denkmalpflege und Archäologie, Weimar 2006, S. 101.

Literatur- und Quellenverzeichnis (Auswahl)

Zeitgenössische Schriften und Quellen

Amende, Ernst: Landeskunde des Herzogtums Sachsen-Altenburg. Altenburg 1902.
Auerbach, Alfred: Die vor- und frühgeschichtlichen Altertümer Ostthüringens. Jena 1930.
Diederichs, Eugen (Hrsg.): Deutsches Leben der Vergangenheit in Bildern. Jena 1908
Denner, Richard: Jahrbücher der Stadt Kahla. Kahla 1937.
Fleming, Hans Friedrich von: Der vollkommene Teutsche Jäger .... 2 Bde., Leipzig 1719 und 1724.
Frommelt, Moritz Theodor: Sachsen-Altenburgische Landeskunde. Leipzig 1841.
Handbuch für den Königlich Preußischen Hof und Staat 1898. Berlin 1897.
Heyl, J. F.: Das Neue Schloss zu Hummelshain. Kahla o.J.
Hildburghausen. Reprint der Originalausgabe von 1917. Altenburg 1992.
Hohberg, Wolf Helmhard Freiherr von: Weidmannschaft. Coburg 1707
Krünitz, J. G.: Oekonomische Encyklopädie oder allgemeines System der Staats- Stadt- Haus- und Landwirthschaft. Berlin 1773.
Lehfeldt, Paul: Bau- und Kunst-Denkmäler Thüringens. Band II, Jena 1888.
Lippert, Woldemar und Beschorner, Hans (Hrsg.): Das Lehnbuch Friedrich des Strengen 1349/1350. Leipzig 1903.
Löbe, D. J. und E.: Geschichte der Kirchen und Schulen des Herzogtums Sachsen-Altenburg. III. Band, Altenburg 1891.
Lommer, Victor: Aus jagdfroher Zeit. Kahla 1895.
Lommer, Victor: Beiträge zur Geschichte der Altenburgischen Jagd- und Forstwirtschaft und unter vorzugsweiser Berücksichtigung der Forstreviere der ehemaligen Ämter Leuchtenburg und Orlamünde. In: Mitteilungen des Vereins für Geschichts- und Altertumskunde zu Kahla und Roda. Bd. 6.
Mentz, Georg (Hrsg.): Johann Friedrich der Großmütige 1503–1554. Festschrift zum 400jährigen Geburtstage des Kurfürsten namens des Vereins für Thüringische Geschichte und Altertumskunde. (= Beiträge zur neueren Geschichte Thüringens. Bd. 1, Erster Teil). Jena 1903 und (= Beiträge zur neueren Geschichte Thüringens. Bd. 1, Dritter Teil), Jena 1908.
Michligk, Paul: Der Vogel-Verlag Pößneck, Musterbetriebe der deutschen Wirtschaft. Bd. 4, Berlin 1928.
Röber: Zur vaterländischen Jagdgeschichte. In: Mitteilungen des Vereins für Geschichte und Altertumskunde zu Kahla und Roda. 1. Band, Kahla 1876.
Schoeppl, Heinrich Ferdinand: Die Herzöge von Sachsen-Altenburg ehem. Von Hildburghausen. Reprint der Originalausgabe von 1917. Altenburg 1992.
Schroedel, Hermann: Ernst I. Herzog von Sachsen-Altenburg. Ein deutsches Fürstenleben in Bildern. Altenburg 1908.
Schwerdt, H. von.: Album des Thüringerwaldes. Leipzig 1858.
Silber, O. H. Paul (Hrsg.): Schloß Hummelshain, ein Juwel Deutscher Renaissance Baukunst, erbaut vom Geheimen Hofbaurat Ihne und Architekten Stegmüller. Detmold 1897.
Träger, Rudolf: Das Amt Leuchtenburg im Mittelalter. Jena 1941.
Waehler, Martin: Die Birschanlagen auf dem Rieseneck. In: Thüringen. Eine Monatsschrift für alte und neue Kultur, 1927, 5. Heft.

Monographien, Sammelbände, Beiträge

650 Jahre Hummelshain. Festschrift zur 650-Jahrfeier der urkundlichen Ersterwähnung. Hummelshain 2000.
800 Jahre Kirche St. Marien. 650 Jahre Stadtrecht Orlamünde. Orlamünde 1994.

800 Jahre Schmölln. Schmölln 1994.

Altenburg – Die zweite Residenz der Herzöge von Sachsen-Gotha und Altenburg. In: Ulferts, Edith: Große Säle des Barock. Die Residenzen in Thüringen. Petersberg 2000.

Aselmeyer, Gunther: Jagdschloss Hummelshain bei Kahla, ein Bauwerk aus Seeberger Sandstein. In: Thüringer Denkmalgesteine. IFS-Tagung 2006, Bericht Nr. 24-2006.

Badstübner, Ernst: Schlossbau in Thüringen. In: Neu entdeckt. Thüringen – Land der Residenzen. Essays, Mainz 2004.

Briefe an Goethe, Gesamtausgabe in Regestform 1764–1817, Stiftung Weimarer Klassik (Goethe- und Schiller-Archiv) (Hrsg.). Weimar 1980, Regestnummer 7/561.

Das Jagdschloss "Fröhliche Wiederkunft" und seine Nutzung. Festschrift zum 45jährigen Bestehen des Thüringer Jugendlernhofs Wolfersdorf. Wolfersdorf o. J.

Burgen, Schlösser, Gutshäuser in Thüringen. Hrsg, B. J. Sobotka (=Veröffentlichung der Deutschen Burgenvereinigung e. V, Reihe C). Stuttgart 1995.

Dehio, Georg: Handbuch der deutschen Kunstdenkmäler. Thüringen. München 1990.

Dobenecker, Otto (Hrsg.): Regesta diplomatica ... Thuringiae. Verein für Thüringische Geschichte und Altertumskunde, 1896, Bd. I, S. 191

Deutsches Jagd-Archiv. Sammelalben. Braunschweig 1980

Friedrich I. von Sachsen-Gotha und Altenburg. Tagebücher 1667–1686. Bearbeitet von Roswitha Jacobson unter Mitarbeit von Juliane Brandsch. Bd. 1: 1667–1677. Bd. 2: 1678–1686. Bd. 3: Kommentar und Register. Weimar: Verlag Hermann Böhlau Nachfolger 1998, 2000, 2003 (= Veröffentlichungen aus Thüringischen Staatsarchiven, Bd. 4/1; 4/2; 4/3).

Geschichte Thüringens. Hrsg. Hans Patze und Walter Schlesinger, Bd. 5, 1. Teil, Köln, Wien 1984, Bd. 5, 2. Teil, Köln, Wien 1978.

Gillmeister, Uwe: Vom Thron auf den Hund. Das Leben des Herzog Ernst II. von Sachsen-Altenburg. Vom Reichsfürsten zum DDR-Bürger. Borna 2003.

Goethe, Johann Wolfgang: Tagebücher. Historisch-kritische Ausgabe. Stuttgart, Weimar 2004, Bd. III, 1.

Haufschild, Kurt: Leuchtenburg. Seitenroda 1983.

Haine, Heiko: Höfische Jagd: Jagdrecht und Jagdarten. In: Thüringen – Land der Residenzen. Katalog zur 2. Thüringer Landesausstellung in Sondershausen, Hrsg. Jördis Frank und Konrad Scheuermann, Mainz 2004.

Hetzer, Eberhard: Hans Conon von der Gabelentz. In: Altenburger Geschichts- und Hauskalender, Jahrgang 1999.

Hild, Jens: Rastplatz, Siedlung, Dorfgemeinde, Großeutersdorf 2001.

Hoffmeister, Hans und Volker Wahl (Hrsg.): Die Wettiner in Thüringen. Geschichte und Kultur in Deutschlands Mitte. Arnstadt und Weimar 1999.

John, Jürgen: Kleinstaaten und Kultur in Thüringen vom 16. bis 20. Jahrhundert. Weimar, Köln, Wien 1994.

Kügelgen, Wilhelm von: Jugenderinnerungen eines alten Mannes. Leipzig 1954.

Künzel, Uta (u. a.): Am Hofe von Friedrich Wilhelm II. Ältere Altenburger Linie. Altenburg 2004.

Lange, Gudrun und Peter: Die Kemenate in Orlamünde. Orlamünde o. J.

Lange, Horst: REIMAHG – Unternehmen des Todes. Der Aufbau der deutschen faschistischen Luftwaffe, Rolle des Gustloff-Konzerns, Verbrechen an ausländischen Zwangsarbeitern im unterirdischen Flugzeugwerk "REIMAHG" bei Kahla (1944/1945). Jena 1969.

Lange, Peter: Kaiser, Könige und Kurfürsten in Orlamünde. In: Orlamünder Nachrichten vom 18. Juli 1997.

Laß, Heiko, Landesherrliche Bauten für die Jagd: Die Jagdanlage Rieseneck. In: Thüringen – Land der Residenzen, Katalog zur 2. Thüringer Landesausstellung in Sondershausen, hrsg. von Jördis Frank und Konrad Scheuermann, Katalog I, Mainz 2004.

Lemke, Karl: Jagdschlösser, Büchsen und Trophäen. Berlin 1983.

Lemke, Kurt / Stoy, Franz: Jagdliches Brauchtum. Berlin 1985.

Lucke, Bertram: Deutsche Renaissance/Das Neue Schloss Hummelshain. In: Thüringen – Land der Residenzen, Katalog zur 2. Thüringer Landesausstellung in Sondershausen, hrsg. von Jördis Frank und Konrad Scheuermann, Katalog 1, Mainz 2004.

Lucke, Bertram: Die drei Sommerresidenzen des Herzogs Georg II. von Sachsen-Meiningen in Bad Liebenstein und auf dem Altenstein. Baugeschichte – Deutung – Denkmalpflege. (Arbeitshefte des Thüringischen Landesamtes für Denkmalpflege) Bad Homburg 1994.

Mania, Dietrich und Walter: Orlamünde vor und nach 1194. Jena, Orlamünde 1994.

Möller, Günther: Hummelshain im "Dritten Reich". Chronik der Zeit und Ortsgeschichte. In: 650 Jahre Hummelshain. Festschrift zur 650-Jahrfeier der urkundlichen Ersterwähnung. Hummelshain 2000.

Osteritz Sven (Hrsg.): Archäologischer Wanderführer Thüringen. Heft 8, Landesamt für Denkmalpflege und Archäologie, Weimar 2006.

Paulus, Helmut-Eberhard (Hrsg.): Paradiese der Gartenkunst in Thüringen, Historische Gartenanlagen der Stiftung Thüringer Schlösser und Gärten, Bd. 1, Rudolstadt 2003.

Pfannenschmidt, Helmut: Heimatkundliche Streifzüge durch das obere Orlagebiet. Rudolstadt 2002.

Reimers, Bettina Irina: Die neue Richtung der Erwachsenenbildung in Thüringen 1919–1933, Dissertation, Eberhard-Karls-Universität; Tübingen 2000.

Rohde, Michael: Von Muskau bis Konstantinopel: Eduard Petzold, ein europäischer Gartenkünstler 1815–1891. Dresden 1998.

Rosenkranz, Heinz: Ortsnamen im Kreis Jena. In: Erlebte Heimat, Jena 1981.

Sander, Oliver: Die Rekonstruktion des Architekten-Nachlasses Ernst von Ihne (1848–1917). Dissertation, Humboldt-Universität Berlin, Berlin 2000.

Schmidt, Volker: Jagdanlage Rieseneck. In: Heimatgeschichtlicher Kalender des Bezirkes Gera, Gera 1990.

Schröder, Ulrike: Das neue Schloss Hummelshain. Ein Schlossbau des Historismus in Thüringen 1897–1885. Magisterarbeit, TU Berlin, Berlin 2005.

Sparsbrod, Hermann: Aus der Kirchengeschichte von Hummelshain. In: 650 Jahre Hummelshain, Festschrift zur 650-Jahrfeier der urkundlichen Ersterwähnung, Hummelshain 2000.

Stapff, Ilse-Sybille: Jagd im Weimarischen Land. Weimar 1992.

Werner, Ernst und Weigel, Heinrich: Naturkundliche Wanderungen in Thüringen. Marburg, 1992.

Winghardt, Stefan: Die Thüringischen Residenzen aus der Sicht der Denkmalpflege. In: Thüringen – Land der Residenzen, Katalog zur 2. Thüringer Landesausstellung in Sondershausen. Hrsg. Jördis Frank und Konrad Scheuermann, Katalog 2, Mainz 2004.

Wotte, Herbert: Jagd im Zwielicht. Berlin 1983.

Unveröffentlichte Manuskripte (im Besitz der Verfasser)

Biographie von Rudi Weise, Direktor des Jugendwerkhofes Hummelshain in der Zeit von 1947–1956.

Biographie von Studienrat Volker Enders, Direktor des Jugendwerkhofes "Ehre der Arbeit" Hummelshain in der Zeit von 1960 bis 1976.

Brief Harry Naujecks vom 24.04.1985.

Ehrig, Reiner: Über das "Alte Gut". 2006.

Heimordnung des Jugendwerkhofes "Ehre der Arbeit" Hummelshain.

Hild, Jens: Bernhardsroda – Siedlung – Wüstung – Waldgebiet. Manuskript von 1995.
Hild, Jens: Bernhardsroda und Rieseneck. Eine kirchen- und siedlungsgeschichtliche Untersuchung. 2007, in Arbeit.
Kowalewski, Heinrich: Geschichtliches über den Leubengrund.
Lange, Peter: Vortrag zur Jagdgeschichte in Hummelshain am 7. Januar 2005. Mitschrift.
Ortsbeschreibung um 1885 ohne Quellenangabe.
Ortschronik von Hummelshain (vollständiges Manuskript), Teilveröffentlichung in: 650 Jahre Hummelshain, Festschrift zur 650-Jahrfeier
der urkundlichen Ersterwähnung, Hummelshain 2000.
Sparsbrod, Hermann, Manuskript vom Juni 2000.
Satzung des Fördervereins Schloss Hummelshain e. V. vom 17. 06. 1998.

Zeitungen und Zeitschriften
Allgemeiner Anzeiger Jena vom 12. 08. 1998.
Kahlaer Tageblatt vom 17. 09. 1920.
Cahlaisches Nachrichtenblatt vom 21. März 1930
Thüringer Landeszeitung vom 12. 11. 1994.
Ostthüringer Zeitung vom 04. 10. 2006.
Ostthüringer Zeitung vom 12. 12. 1996.
Ostthüringer Zeitung vom 17. 12. 1998.
Ostthüringer Zeitung vom 22. 05. 2007.
Ostthüringer Zeitung vom 22. 07. 1994.
Ostthüringer Zeitung vom 24. 02. 1993.
Ostthüringer Zeitung vom 05. 08. 2005.
Porzelliner-Echo, 30. Jg., Nr. 8 vom Juni 1987, Sonderausgabe.
Thüringer Tageblatt vom 30. 06. 1949.
Neue Zeit vom 30. 06. 1949.

Archivmaterial
Thüringer Staatsarchiv (ThStA) Altenburg
– ThStA Altenburg, Bauamtsarchiv Nr. 669, Hofbauamt.
– ThStA Altenburg, Domänenfideikommiss, B XII, Nr. 25.
– ThStA Altenburg, Dömänenfideikommiss, Repos. B. XIV.9.
– ThStA Altenburg, Finanzrechnungsarchiv 13 XI Nr. 20 und Nr. 22.
– ThStA Altenburg, Finanzrechnungsarchiv 13 XI Nr. 139.
– ThStA Altenburg, Finanzrechnungsarchiv 13 XI Nr. 20.
– ThStA Altenburg, Finanzrechnungsarchiv 13 XI Nr. 22.
– ThStA Altenburg, Finanzrechnungsarchiv 13 XI Nr. 97.
– ThStA Altenburg, Finanzrechnungsarchiv, Abt. 13, Repos. XI, Nr. 138.
– ThStA Altenburg, Haus und Privatarchiv, Nr. 283.
– ThStA Altenburg, Herzogliches Hofbauamt, Nr. 647. Gutachten vom 14. 09. 1874.
– ThStA Altenburg, Karten- und Plansammlung Nr. 3767–13.
– ThStA Altenburg, Karten- und Plansammlung, Nr. 4824.
– ThStA Altenburg, Karten- und Plansammlung, Nr. 5444.
– ThStA Altenburg, Repos. B. XII 25.
– ThStA Altenburg, Forstamt Hummelshain Loc. 102 Nr. 2, unpag.
Kreisarchiv des Saale-Holzland-Kreises, Ammerbach, Bestand: Jugendwerkhof Hummelshain.

Internetquellen
http://de.wikipedia.org/wiki/Ernst_II._(Sachsen-Altenburg)

http://forum.ehemaligehummelshainer.de

http://www.janinehercher.de/BauHerzog.htm

http://www.Walpersberg.de/cms/de/Geschichte-Betriebskrankenhaus

http://www.neuvandsburg.de/pdf/Chronikanteil.pdf.(Kammer, Andrea, Vandsburger Diakonissen fanden in Elbingerode eine neue Heimat.)

http://www.bennert.de/justorange.cms/0_Archiveintrag/suchstring/Hummelshain/auswahl/13_0-060905154829.html (Laudatio zur Verleihung des "Schwarzen Schafes der Denkmalpflege 2006" vom 5.9.2006)

Abbildungen

Abbildungen ohne Quellenangaben sind Fotos von R. Hohberg oder stammen aus dem Archiv der Autoren.